내 소견에 옳은 것이
과연 옳은가?

내 소견에 옳은 것이 과연 옳은가?

이정환 지음

좋은땅

책을 가치 있게 만드는 재료는 탁월한 통찰력과 높은 식견입니다. 그러나 흉내 낼 수도 표절할 수도 없는 자신의 경험과 체험은 그중 가장 소중하고 강력한 도구일 것입니다.

연합집회 중 만난 우리 이정환 목사님은 그 누구보다 순수하고 하나님을 향한 관심이 뜨거운 분이었습니다. 그 관심과 사랑이 끊임없는 기도라는 삶으로 향기롭게 증거되는 귀한 목회자이십니다. 이 책은 이런 이정환 목사님이 직접 만나고 체험한 하나님을 소개하고 그분의 선하심을 노래하고 있습니다.

"하나님 소견에 따르는 삶을 살라"는 주제가 글 전반에 걸쳐 일관성 있게 잘 드러났습니다. 예수님의 이야기에서 시작해서 목사님의 일대기, 그리고 바울의 삶으로 이어지는 전개가 스토리를 더욱 탄탄하게 만들었습니다.

특히, 목사님께서 강한 믿음으로 목회의 길을 걸어오시며 겪으신 수 많은 아픔을 하나님의 은혜로 감당하시고, 늘 하나님의 소견에 따라 살기 위해 애쓰셨던 부분에서 큰 은혜를 받았습니다.

책의 내용도 그리 어렵지 않고 쉽게 읽혔습니다. 실제 살아온 이야기이고 삶 속에서 몸소 듣고 보고 만지면서 경험한 일들을 이야기 형식으로 풀어놓아서 깊은 고민하지 않고 편하게 읽었습니다. 교회가 겪은 힘든 상황에 대한 부분을 어떻게 풀어 가실까 조금 염려가 되기도 했지만, 누구도 상처받지 않도록 부드럽고 절제된 표현으로 서술하면서 교인들을 배려하는 목자의 심정을 읽을 수 있어서 매우 인상 깊었습니다.

책을 통해 목사님이 기도하시고 하나님의 음성에 따라 순종하시는 모습을 보며 성도들이 목사님을 더 많이 이해하게 되고 앞으로 하실 목회에 기도하며 함께 동역할 마음이 들 것이라는 생각과 함께 순천동부교회의 미래가 매우 기대가 됩니다.

많은 목회자와 성도들이 이 책을 통해 이제 내 소견대로 살던 삶과 각기 제 갈 길로 다니던 어리석은 발걸음을 돌려 나의 목자 되시는 하나님의 소견과 선한 인도하심을 뒤따르기로 결단하는 거룩한 터닝 포인트가 되시길 간절히 소망합니다.

청주중앙순복음교회 담임목사
물맷돌 무브먼트 대표 안호성 목사

그 때에는 이스라엘에 왕이 없었으므로 사람마다 자기 소견에
옳은 대로 행하였더라. (삿 17:6)

그 때에 이스라엘에 왕이 없으므로 사람이 각기 자기 소견에 옳
은 대로 행하였더라. (삿 21:25)

사사 시대가 어떤 시대였는지를 단적으로 보여 주는 말씀입니다. 마
지막 사사인 삼손의 이야기가 삿 16장까지 기록되어 있습니다. 17장부
터는 사사가 없는 무사사 시대가 펼쳐집니다. 사사 시대는 비록 이스라
엘 백성들이 타락하고 부패했지만, 하나님께 부르짖으면 사사들을 보
내서서 그들을 구원해 주셨습니다. 그렇게 사사가 나라를 구원한 뒤에
는 나라를 통치하면서 평화를 누리게 되었습니다.

하지만, 사사로 인해 평화를 누렸던 이스라엘에 사사가 없는 시대가
되자 구심점을 잃어버린 이스라엘 백성들은 자기 소견에 옳은 대로 행
동하기 시작했습니다. 미가라는 사람은 자기 집에 신당을 만들고 아무

자격도 없는 한 아들을 세워 제사장을 삼았습니다. 그 후 미가는 한 레위인 청년을 만났을 때 자신의 양자로 대우하면서 그를 자신의 개인 제사장으로 삼았습니다. 그러다가 단 지파가 자신들이 거주할 성읍을 구하는 중에 미가 집에 있는 레위인 청년을 만나게 됩니다. 그들은 그 청년에게 한 사람의 집의 제사장이 아니라 이스라엘의 한 지파의 제사장이 되라고 제안합니다. 레위인 청년은 그 제안을 받아들여 단 지파의 제사장이 됩니다. 흡사 작은 교회 목회자가 대형 교회에서 청빙 되자, 물질과 명예욕을 좇아 큰 교회로 가는 모양과 같습니다.

한편, 어떤 레위 사람은 첩을 맞이했는데 그 첩이 음행하고 홀로 친정에 가 버렸습니다. 레위 사람은 자신의 첩을 찾아 집으로 데려가던 중 기브아에 머무르게 되었습니다. 그런데 동네 불량배들이 와서 그 첩을 데리고 가서 밤새 집단으로 성폭행했고, 그 첩은 새벽 미명에서야 놓여 동틀 때 남편이 머무는 집 문에 와서 죽었습니다. 남편이 첩의 시체를 12덩이로 나눠서 이스라엘 12지파에 보내면서 지파 간의 전쟁이 일어나게 되었습니다.

거룩하게 구별된 레위인의 타락, 공적 제사장의 사유화, 집단 성폭행, 시체 12토막 등 하나님의 백성이 맞나 싶을 정도로 부패하고 타락했습니다. 지금의 시대에도 보기 드문, 시체를 훼손하는 끔찍한 일이 이방 나라도 아닌 하나님의 선택받은 이스라엘 나라 안에서 벌어졌습니다.

자기 소견에 옳은 대로 행하는 사람은 기대하는 것이 있습니다. 잘되고, 행복하고, 평안하고, 성공할 것이라고 생각합니다. 자기 소견에 옳은 대로 행하면서 안 되고 불행하고 실패할 것이라고 생각하는 사람은 아무도 없습니다. 그런데 분명 옳은 대로 행했는데 타락하고, 부패하고, 영적으로 심각한 어둠에 빠지고 말았습니다. 어느 누구도 이런 결과를 기대하지 않았을 것입니다. 좋은 결과를 기대했을 것입니다. 그런데 자기 소견에 옳은 대로 행했는데 도대체 왜 이런 일이 벌어졌을까요?

중요한 질문을 던져 보겠습니다. 자기 소견에 옳다고 생각하는 것이 과연 옳은 것일까요? 내가 옳다고 생각하는 것이 항상 옳은 것은 아닙니다. 왜냐하면, 내 안에는 선한 것이 없기 때문입니다. 단 1도 없습니다. 선한 것이 하나도 없는 사람이 자기가 옳다고 생각하는 것이 과연 항상 옳을 수 있을까요? 내 안에 선한 것이 없고 옳다고 생각하는 것도 좋은 결과를 가져오지 못한다면 우리는 무엇을 따라야 할까요?

성경은 사람이 자기 소견에 옳은 대로 행한 이유에 대해서 이스라엘에 왕이 없기 때문이라고 말하고 있습니다. 하지만, 정말 이스라엘에 왕이 없었을까요? 이스라엘에 왕이 없어서 이런 종교적 윤리적 타락과 부패가 일어났을까요? 절대 아닙니다. 이스라엘에는 분명히 왕이 계셨습니다. 그 왕은 바로 이스라엘을 430년 애굽 종살이에서 구원하시고 광야 40년을 인도하시며 약속하신 대로 가나안 땅을 선물로 주신 하나님이십니다. 이 일에 다른 함께한 신이 없었고, 오직 하나님 한 분이 하신 일입니다. 이 하나님이 광야에서도 왕으로서 통치하셨고, 가나안 정착 후에도 버젓이 왕으로 계시면서 백성들을 다스리고 계셨음에도 이스라엘 백성들은 하나님을 왕으로 인정하지도 존중하지도 통치에 순종하지도 않았습니다. 하나님이 없어서 생긴 일이 아니라 살아 계신 하나님을 버렸기 때문에 생긴 일입니다. 생명을 주신 하나님이 아닌 생명도 없는 가증한 우상을 쫓아다니며 숭배했고, 그것의 지배를 받았기 때문에 일어난 일입니다.

사사 시대는 하나님이 없는 시대가 아니라 하나님을 왕으로 인정하지 않는 시대입니다. 자신들이 스스로 하나님 자리를 침범하여 왕 노릇 하면서 황폐하게 된 시대입니다. 그들이 자신들의 삶을 선하고 옳은 길로 인도하실 수 있는 항상 선하고 옳으신 하나님을 따랐다면, 그분의 말씀에 순종했다면 선하신 하나님이 주시는 은혜와 복을 누리게 되었을 것입니다.

역사는 반복된다고 했던가요? 지금 이 시대는 사사 시대를 방불케 합니다. 어디 하나 정상적이고 멀쩡한 곳이 없을 정도로 부패하고 타락했습니다. 사사 시대를 끝내야 하지 않겠습니까? 우선, 우리는 죄인이지 왕이 될 수 없고 주인이 될 수도 없음을 인정하고 주인의 자리에서 내려와야 합니다. 우리는 선하지 않지만, 하나님은 항상 선하시고 악을 행하실 수 없으며, 따라서 우리에게 행하시는 모든 것이 선하다는 것을 인정해야 합니다. 우리는 우리가 옳다고 생각하는 것도 옳지 않을 때가 많지만, 하나님은 항상 옳으심도 인정해야 합니다. 하나님이 선하지 못하고 옳지 못하신 적이 있다면 지금보다 더 끔찍한 세상이 될 것입니다.

우리는 선과 악, 옳고 그름을 분별하지 못하는 연약한 죄인일 뿐입니다. 하지만 우리의 왕이자 주인 되신 하나님은 하시는 모든 일이 항상 선하시고 옳으십니다. 따라서 하나님 소견에 옳은 대로 행하는 사람은 하나님이 주시고자 하는 놀라운 은혜와 복을 받아 누리게 됩니다. 내 소견에 옳은 대로 행하는 것은 실패하는 것이 다행이고, 하나님 소견에 옳은 대로 행하는 것은 잘되는 것이 당연합니다. 지금까지 내 소견에 옳은 대로 많이 살아오지 않았습니까? 여러분의 남은 인생에 같은 실패를 반복하시겠습니까? 오늘도 실패의 자리에서 한숨을 내쉬며 왜 나는 이렇게 되는 일이 없을까? 왜 실패만 반복할까? 하시는 분이 있다면, 지금부터라도 하나님 소견에 옳은 대로 사는 삶을 연습하시길 강력히 추천합니다. 쉽지 않겠지만, 그래도 동일한 실패를 반복하는 것보다 속는 셈 치고 하나님을 인정해 보시면 좋겠습니다. 하나님 소견에 옳은 대로 사는 삶은 실패가 없습니다. 하나님은 우리가 하나님 소견에 옳은 대로 순종하는 것 자체를 기뻐하시기 때문입니다.

하나님의 선하신 인도하심에 순종하여, 부족한 인생이지만 제 삶에 찾아오셔서 선한 길로 이끄시는 하나님을 자랑하고자 합니다. 내 소견에 옳은 대로 살아 실패한 너무나 다행스러운 경험과 하나님 소견에 옳은 대로 살아 성공한 삶을 소개하고자 합니다. 하나님 소견에 옳은 대로 살아 보니 이것이 맞았습니다.

끝으로, 고마우신 분들에게 감사의 마음을 전합니다. 연합집회에 강사로 오셨다가 인연이 되어 추천사를 직접 써 주신 안호성 목사님, 원고를 처음부터 살펴 주시고 꼼꼼하게 확인해 주신 네 분의 동역자들, 옆에서 기도와 격려로 힘이 되어 준 아내에게 고마운 마음을 전합니다. 무엇보다 이 책이 세상에 나올 수 있도록 친절하게, 꼼꼼하게, 체계적으로 안내해 주시고 마음 써주신 좋은땅 출판사에도 심심한 감사를 드립니다.

이 책은 30일 기도학교 기간에 기도할 때, 하나님이 이방의 빛을 삼아 구원을 베푸시겠다는 뜨거운 비전을 마음에 담아 주시면서 시작되었고, 부어주셨던 은혜의 기억으로 채워졌고, 하나님 뜻대로 이 책이 감사로 마무리되었습니다. 어디로 가야 할지, 무엇을 해야 할지, 어떻게 해야 할지를 모르는 분들에게 자그마한 빛을 비추는 작은 등대가 되기를 소망하며, 기도하게 하셔서 비전을 이루시는 하나님께 모든 영광을 올려 드립니다.

2025년 30일 기도학교 기간에 주신 선물을 감사하며

이정환 목사

목차

1부

하나님 소견에
옳은 대로 사는 삶

1

하나님 소견에 옳은 대로
사는 삶의 모델

예수님의 새벽 기도

새벽 아직도 밝기 전에 예수께서 일어나 나가 한적한 곳으로 가사
거기서 기도하시더니 시몬과 및 그와 함께 있는 자들이 예수의 뒤
를 따라가 만나서 이르되 모든 사람이 주를 찾나이다 이르시되 우
리가 다른 가까운 마을들로 가자 거기서도 전도하리니 내가 이를
위하여 왔노라 하시고 이에 온 갈릴리에 다니시며 그들의 여러 회
당에서 전도하시고 또 귀신들을 내쫓으시더라. (막 1:35-39)

그 유명한 예수님의 새벽 기도 본문이다. 이 말씀은 예수님이 새벽
기도뿐 아니라 하루를 어떻게 사셨는지를 보여 주는 짧지만 중요한 말
씀이다. 전날 늦게까지 병자를 고치시고 귀신을 내쫓으시는 사역을 하
신 예수님은 다음 날 새벽 아직도 밝기 전에 일어나셨다. 제자들과도
거리 두기를 하시고 하나님께 기도하러 가셨다. 그런데 제자들이 쫓아
왔고 모든 사람이 주를 찾는다는 소식을 전한다. 예수님은 사람들이 찾

아오면 거절하신 적이 없고 누구든지 돌봐 주시고 심지어는 그 사람의 집으로 가시기도 했다. 그런데 예수님은 찾아온 사람들을 거절하신다. 그러시면서 다른 가까운 마을로 가자고 하신다.

사역의 방향

왜 예수님은 일부러 찾아온 사람은 거절하시고 다른 마을로 가자고 하셨을까? 사역의 방향을 찾아온 사람이 아니라 다른 마을에 있는 사람에게로 결정하셨는데, 그 이유는 무엇일까? 그 비밀이 새벽 기도에 있다. 기도는 하나님과 대화하는 것이고, 대화의 목적은 하나님의 뜻을 아는 것이고, 뜻을 알아야 하는 이유는 순종하기 위해서다. 예수님은 하나님을 상대하여 새벽에 기도하시면서 하루에 대한 하나님의 뜻을 여쭈었고, 그 뜻에 순종하기 위해서 다른 마을을 선택하신 것이다. 오늘 하루 사역의 방향이 예수님 소견에 옳은 대로가 아니라 하나님 소견에 옳은 대로 결정된 것이다. 기도를 통해 하나님 소견에 옳은 것이 무엇인지 몰랐다면, 찾아온 사람에게 끌려가는 하루가 되었을 것이다. 찾아온 사람들의 필요를 채워 주는 것이 나쁜 것은 아니지만, 하나님 소견과 무관한 삶을 살게 되는 것이다. 하나님 소견에 옳은 대로 사는 삶은 기도로 가능하고, 기도를 통해 결정된다. 하나님 소견에 옳은 삶은 예수님 소견에 옳은 대로 사는 삶이나 제자들 소견에 옳은 대로 사는 삶, 그리고 찾아온 사람에게 끌려가는 삶을 막아 준다.

사역의 내용과 목적

다른 마을로 가자고 하시는 예수님은 '거기서도 전도하리니 내가 이를 위하여 왔다'고 말씀하신다. 예수님은 자신이 왜 사는지, 무엇 때문에 이 땅에 오셨는지 확인하고 확증하신다. 즉 사역의 내용, 사역의 목적과 사명을 분명하게 하시는 말씀이다. 주변 사람들에게 간혹 듣는 말이 있다. 열심히는 사는 것 같은데 왜 사는지, 무엇 때문에 사는지 모르고 산다는 말이다. 열심히 사는 것이 나쁜 것은 아니지만, 왜 사는지, 무엇 때문에 사는지를 알고 사는 것이 훨씬 중요하다. 이것을 모르고 살면 아무리 열심히 살아도 허무한 삶이 될 수 있기 때문이다.

이 땅에 목적 없이 존재하는 것은 아무것도 없다. 누구나, 무엇이나 목적이 있기 때문에 존재하고 있다. 그런데 존재하는 목적은 존재 스스로가 아니라 존재케 하신 분이 결정한다. 볼펜의 존재 목적은 글을 쓰는 것인데, 글을 쓰는 것에 사용하는 목적은 볼펜이 정하는 것이 아니라 볼펜을 만든 사람이 정하는 것이다. 그리고 볼펜을 만들어 놓고 글을 쓰는 목적을 부여하는 것이 아니라, 먼저 글을 쓰는 목적을 가지고 볼펜을 만든다. 목적이 먼저라는 말이다. 사람도 마찬가지다. 사람이 스스로 자신의 존재 목적을 부여하는 것이 아니라 사람을 만드신 분이 부여한다. 만들어 놓고 목적을 부여하는 것이 아니라 목적을 설정하시고 이 땅에 태어나게 하셨다.

그런데 사람들은 왜 사는지, 무엇 때문에 사는지도 모른 채 열심히만 살고 있다. 그 이유가 무엇일까? 그 답을 예수님의 삶에서 찾아보자. 예수님이 다른 마을로 가는 목적이 전도하는 것에 있다는 것을 언제 확인하고 확증하셨는가? 바로 기도할 때이다. 하루를 시작하면서 새벽에 하나님을 만난 자리에서다. 하나님을 만나야 내가 왜 사는지, 무엇 때문에 사는지를 확실하게 알 수 있다. 이유는 나를 만드신 분이 하나님이

시고, 이 땅에 목적을 가지고 보내신 분도 하나님이시기 때문이다. 자신이 왜 존재하는지를 모르는 사람은 자신을 만드신 창조주 하나님을 만나지 못했기 때문이다. 교회를 아무리 열심히 다녀도 하나님을 인격적으로 만나지 못하고 기도를 통해 교제하지 않는다면 존재 목적과 사명을 모른 채 그냥 열심만 가지고 사는 인생이 되는 것이다. 하루를 살더라도 목적과 사명을 알고 사는 인생이 귀하고 아름답다. 예수님은 새벽 기도를 통해 하나님과 교제하시면서 이 땅에 보내신 하나님 소견에 옳은 목적을 확인하고 사명을 위해 하루하루 사셨다.

사역할 능력

마지막으로, 하나님 소견에 옳은 대로 사는 삶에 반드시 필요한 것이 있다. 하루 사역의 방향과 사역의 내용을 알아차렸다고 하더라도 이것이 없으면 아무것도 아니다. 이것은 무엇일까? 예수님은 다른 마을로 가서서 전도하시고 귀신을 내쫓으셨다. 복음을 전하는 전도와 귀신을 내쫓는 사역은 능력이 있어야 가능하다. 그 능력은 다름 아닌 성령님이다. 사역의 방향이 정해지고 사역의 내용을 확증했다면 그 사역을 가능하게 만드는 성령의 능력이 필요하다. 성령의 능력은 언제 받는가? 바로 새벽에 기도할 때다. 예수님은 새벽 기도하는 시간에 성령의 능력을 받아서, 불신자들의 마음을 혼미하게 하여 복음의 영광의 광채가 비치지 못하게 하는 이 세상 신을 결박하시고, 한 인격을 사로잡아 불에도 물에도 던져 망하게 하는 귀신의 세력을 제압하셨다. 예수님의 공생애를 함께 했던 베드로도 예수님의 사역을 딱 한마디로 정리하여 설명한다.

하나님이 나사렛 예수에게 성령과 능력을 기름 붓듯 하셨으매
그가 두루 다니시며 선한 일을 행하시고 마귀에게 눌린 모든 사
람을 고치셨으니 이는 하나님이 함께하셨음이라. (행 10:38)

정리하면, 예수님은 새벽 기도를 통해 하루를 시작하시면서, 그날 사
역할 방향을 자기 소견이 아닌 하나님의 소견에 옳은 대로 정하셨고,
전도라는 사역의 내용과 이 땅에 온 목적과 사명도 보내신 하나님 소견
에 옳은 대로 확증하셨으며, 그 사역을 감당할 능력도 자기 힘이 아닌
하나님이 공급하시는 성령의 능력을 따라 감당하셨다. 이렇게 하루하
루 하나님 소견에 옳은 대로 3년 공생애를 사신 분이 바로 예수님이다.

　내 소견에 옳은 것이 과연 옳은가

2

두 소견

그런데, 이렇게 하나님 소견에 옳은 대로 사셨던 예수님이 자기 소견과 하나님 소견 사이에서 심각하게 고민하시는 모습을 발견하게 된다. 바로 겟세마네 동산의 예수님이다. 예수님이 이 땅에 오신 이유는 아버지의 뜻인 십자가를 지심으로 인류를 구원하는 것이다. 그런데 막상 십자가 앞에 초근접하는 시점에서 예수님은 갈등하시는 모습을 보여 주신다. 아버지 소견에 옳으시다면 십자가를 지나가게 해 주시고 그렇지 않다면 아버지 소견에 옳은 대로 십자가를 지시겠다는 속내를 드러내신다.

십자가를 지시러 오셨다면 그 목적을 이루실 때가 다가왔으니 그냥 그 길을 가시면 될 것 같아 보인다. 그런데 이렇게 고민하시고 심각해야 할 일인가? 하지만 여기에도 우리 인간에게 주시는 귀한 메시지가 있다. 예수님은 보이지 아니하시는 하나님의 보이는 형상이다. 그리고 완전한 하나님이신 동시에 완전한 인간이시다. 완전한 인간이라는 말은 인간의 표준이라는 뜻이고, 우리가 도달해야 할 하나님의 형상이다.

십자가를 앞에 두고 심각하게 고민하신 예수님은 처음에는 자기 소견을 밝히면서 아버지 소견에 옳은 대로 하시겠다고 하신다. 그러다가 3번 반복된 기도를 통해서 결국 자기의 소견은 사라지고 아버지 소견에 옳은 대로 행하시는 순종으로 마무리하신다.

우리도 하나님 소견을 알게 되었을 때 곧바로, 아무런 고민 없이 바로 순종이 되는 것은 어려운 일이다. 실제로 고민만 하다가 불순종으로 마치거나, 아예 기도도 해보지도 않고 패배주의에 빠져 엄두를 내지 못하는 경우도 있다. 하나님 소견에 옳은 대로 행하는 삶의 시작은 예수님처럼 기도에 있고, 처음에는 내 소견에 옳은 대로 되기를 바라는 마음으로 기도를 시작하지만, 계속 기도하다 보면 어느새 자기를 부인하면서 내 소견을 내려놓고 하나님 소견에 옳은 대로 살고자 결정하게 된다.

하나님 소견에 옳은 대로 순종한다는 의미

그리고 예수님의 모습을 통해 한 가지 더 기억해야 할 것이 있다. 하나님 소견에 옳은 대로 순종하는 것은 전인격, 지정의를 다한 순도 100%의 순종이라는 점이다. 사람은 눈으로 보고 귀로 들은 것들이 섞여서 신념 혹은 관이라는 생각의 틀을 만든다. 그래서 나름대로 어떤 사물이나 사건을 바라보는 관점이나 기준이 생긴다. 그 관점과 기준을 가지고 일어나는 일들을 판단한다. 이 생각의 틀에 따라 생각이 달라진다. 긍정적인 틀을 가진 사람은 긍정적인 생각이 나올 것이고, 부정적인 틀을 가진 사람은 부정적인 생각이 나올 것이다. 이 생각에 따라 느낌이 달라지고, 느낌이 달라지면 행동이 달라진다. 생각의 틀에서 생각(지)이 나오고, 생각이 느낌(정)을 낳고, 느낌이 행동(의)을 낳는다.

베드로가 주는 그리스도시오 살아 계신 하나님의 아들이라는 신앙고백을 했다. 예수님이 복이 있다고 칭찬하셨다. 그때부터 예수님은 십자가의 죽음과 부활을 말씀하시기 시작하셨다. 이유는 예수님이 그리스도라는 것이 가장 잘 드러나는 곳이 십자가이기 때문이다. 십자가 없는 그리스도는 모두 가짜다. 아무리 스스로 그리스도라고 해도, 모든 사람이 깜짝 놀랄 만한 신기한 일을 행한다고 해도, 십자가가 없다면, 고난이 없다면 가짜 그리스도일 뿐이다.

베드로는 예수님이 십자가에 죽는다고 하자 그럴 수 없다고 하면서 예수님을 막아섰다. 그 이유는 베드로는 본인이 고백한 그리스도의 참된 의미를 깨닫지 못했기 때문이다. 이때 예수님은 베드로를 향해 무서운 말씀을 하신다. 사탄아 물러가라! 베드로가 사탄이라는 말이 아니다. 그다음 말씀을 들어 보라. "네가 하나님의 일을 생각하지 아니하고 도리어 사람의 일을 생각하는 도다." 여기서 알 수 있는 것은 사람은 하나님의 일을 생각할 수도 있고 사람의 일을 생각할 수도 있다는 사실이다. 베드로가 십자가에 죽으려는 예수님을 막아선 것은 사람의 일을 생각했기 때문인데, 그 배후에는 사탄이 있다. 사탄은 베드로에게 예수님을 막아야 한다는 생각을 넣었다. 그래서 베드로가 마음에 흥분하면서 예수님을 막아서는 행동을 한 것이다. 사탄이 생각하나 집어넣은 것뿐인데 감정이 움직이고 그 감정이 행동하도록 만들었다. 이런 말이 있다. "사람의 생각 하나 잡으면 그 사람 전부를 잡는다." 사탄이 가룟 유다에게 예수님을 팔려는 생각을 넣었더니 돈 욕심이 확 일어나면서 대제사장에게 가서 상의하고 로마 군병과 손을 잡고 예수님을 팔아 버리는 행동을 하게 되었다.

예수님은 결국 아버지 소견에 옳은 대로 십자가에 죽는 순종을 하셨다. 이 순종은 결과만 놓고 보는 순종이 아니라, 예수님의 전인격, 지정의 모두를 아버지 소견에 옳은 대로 복종하는 순도 100%의 순종이었다. 시작은 내 소견에 옳은 대로 할까를 고민할 수 있지만, 마지막에는 하나님 소견에 옳은 대로 순종하는 것이 예수님이 보여 주신 모범이다. 우리도 하나님 소견에 옳은 대로 행하는 것이 두렵다고 기도도 해 보지 않고 아예 포기하거나 불순종으로 끝내지 말고, 마지막에는 하나님 소견에 전적으로 순종하는 고결한 삶을 살게 되기를 소망한다. 기도만이 이런 삶을 살도록 이끌어 줄 것이다.

3

주기도문

예수님은 외식하는 바리새인의 기도와 중언부언하는 이방인의 기도보다 나은 그리스도인의 기도를 가르쳐 주셨다. 그것이 바로 주기도문이다. 하나님과 관련된 청원 부분만 살펴보자. 아버지의 이름을 거룩하게 하시며, 아버지의 나라가 임하시오며, 아버지의 뜻이 하늘에서 이룬 것 같이 땅에서도 이루어지게 해달라는 기도다. 하나님을 위한 청원이기 때문에 1차적인 의미는 하나님께서 하나님의 이름을 거룩하게 하시고, 하나님 나라를 이루어 주시고, 하나님의 뜻을 이루어 달라는 기도다.

그런데 2차적인 의미가 있다. 아버지의 이름이 거룩해지려면 내 이름이 사라져야 한다. 내 이름을 높이고 사람들의 칭찬과 주목을 의식하면서 명예욕에 사로잡히지 않아야 한다. 내 이름이 사라지는 곳에 하나님의 이름이 영광을 받으신다. 아버지의 나라가 이루어지려면 내 나라가 무너져야 한다. 내 영역을 넓히고 인맥을 관리하고 어그러진 말을 통해 나를 따르는 사람과 세력을 확장해서는 안 된다. 내 나라가 철저히 무너져야 하나님 나라가 세워진다. 끝으로, 아버지의 뜻이 이루어지려면 내 뜻이 죽어야 한다. 내 목소리를 내려고 힘주는 것이나 내 뜻을 관철하기 위한 고집과 열심을 당장 멈추어야 한다. 내 뜻이 죽는 곳에 하나님의 뜻이 실현된다. 세례요한의 고백으로 정리하자면, 그는 흥하여야 하겠고 나는 쇠하여야 하리라(요 3:30).

세례요한의 고백은 예수님은 점점 증가되고, 자신은 점점 감소되어야 한다는 의미다. 정말 세례요한의 고백은 입술로만 하는 립서비스가 아니라 실제 삶이었을까? 정말 세례요한은 점점 사라지고 예수님은 점점 드러나게 되었을까?

세례요한이 행하는 회개의 세례로 인해 사람들이 삶을 바꾸고 사회적인 변혁이 일어나자, 사람들은 세례요한이 지금까지 기다렸던 메시아가 아닐까 생각했다. 그러자 세례요한은 조금도 고민하지 않고 메시아가 아니라고 말한다. 사람들은 스스로 높아져서 자신이 메시아라고 주장하거나, 사람들을 선동해서 자신을 구세주로 드러내려고 하는데, 세례요한은 사람들이 시켜 준다고 해도 아니라고 한다. '그래, 내가 메시아야'라는 말 한마디면, 세례요한의 인생은 날개를 다는 것과 같은데 자신은 절대로 메시아가 아니라고 한다. 그러면서 자신과는 비교도 안 되는 능력 있는 분이 오신다고 공포한다. 자신은 너무 초라해서 그분의 신발 끈을 푸는 것도 감당할 수 없다고 자신을 낮춘다. 예수님을 높이고 세례요한 자신은 낮춘다.

이것으로 끝이 아니다. 어느 날 자신의 제자와 함께 있을 때 예수님이 나타나셨다. 세례요한이 예수님을 가리키며, 보라 세상 죄를 지고 가는 하나님의 어린양이라고 소개했다. 그러자, 제자 중 두 사람, 한 명은 안드레인데, 모두 예수님께로 가 버렸다. 그동안 따랐던 스승을 버리고 다른 스승을 찾아간 것이다. 생각하면, 괘씸한 일일 수 있다. '말 한마디에 스승을 바꾸다니, 나를 우습게 여기는구나?' 생각할 수 있다. 하지만, 세례요한은 저들을 다시 부르거나 야단치거나 하지 않고 예수님의 제자가 되도록 놓아준다. 자신의 제자가 되는 것보다 예수님의 제자가 되어야 하기 때문이다. 자기 영역은 축소되고 예수님의 영역은 확장되면 되기 때문이다.

더 나아가서, 그동안 요단강에서 세례를 주는 일은 세례요한의 주요 사역이었다. 그래서 사람들이 세례요한에게 몰려들었다. 종교 권력자들도, 로마 군인들도, 세리와 죄인들도, 그리고 많은 무리가 세례를 받기 위해 요단강으로 달려왔다. 그런데 예수님이 등장하시자 사람들은 세례요한이 아니라 예수님께로 세례를 받으러 가기 시작했다. 사실은 예수님의 제자들이 준 것이다. 사람들의 시선과 주목이 세례요한에게서 예수님과 제자들에게 옮겨졌다. 인기가 하늘을 찌르고 명성이 자자했던 세례요한이었는데, 이제 인기는 사라지고 이름이 점점 희미해져 가는 일이 벌어진 것이다. 그런데 놀랍게도, 세례요한은 여기에 대해 상처받거나 분노하거나 낙심하지 않는다. 인생 끝났다고 좌절하거나 절망하지 않는다. 자신은 이렇게 사라지고 예수님만 높아지면 되었다.

절정은 남아 있다. 세례요한은 예수님이 오시는 길을 예비하는 사명을 받았다. 회개의 세례를 통해 사람들이 예수님을 마음에 영접할 수 있도록 길을 닦는 일을 감당했다. 결혼식에서 가장 기쁜 사람은 신랑신부다. 세례요한은 자신이 닦은 길 위에 레드 카펫을 깔고 자신을 신랑이라고 해도 사람들이 인정하고 박수를 받을 만한 인물이었다. 그런데 세례요한은 신랑이 되어 박수받는 주인공의 기쁨보다 옆에서 박수를 쳐 주는 하객의 기쁨이 더 크다고 말한다. 자신은 하객이지 신랑이 될 수 없다는 뜻이다. 신랑은 예수님이지 자신이 아니라는 고백이다.

세례요한은 사람들이 메시아라고 할 때, 제자들이 예수님께로 달려갈 때, 사람들이 예수님께로 몰려갈 때, 그리고 주인공의 자리에 설 수 있을 때도 모두 자신의 이름과 영역과 나라를 무너뜨리고 오직 예수님만 높여 드렸다. 정말 세례요한의 고백대로, 자신은 점점 감소되면서 사라졌고, 예수님은 점점 증가되면서 높아지셨다. 30살의 젊은 청년이 어떻게 이렇게 살 수 있었을까? 세례요한은 주님께서 가르쳐 주신 주기도문대로 살았다.

하나님의
계획 안으로

1

내 인생을 바꾼 초청장

샬롬 축제

내가 처음 교회에 간 것은 88올림픽이 열리던 해, 고등학교 2학년 때였다. 당시 처음 간 교회뿐 아니라 한국교회에는 문화공연과 같은 행사들이 교회마다 하나씩 있을 정도로 붐이 일었다. 내가 처음 간 교회는 경북 영천에 있는 영천중앙교회였다. 그 교회에서도 "샬롬 축제"라는 문화공연이 열렸는데, 고등학교 친구가 명함 크기의 초청장을 건네며 나를 초대했다. 나는 아무 고민도 없이 그 초청장을 들고 교회로 향했다. 독창, 중창, 합창, 콩트, 모노드라마, 연극 등 다양한 순서가 준비되어 있었고, 비슷한 또래의 친구들이 무대에 올라 생기 넘치는 분위기를 만들고 있었다. 친구들뿐 아니라, 선배, 후배들도 많이 참여하고 있었고, 꽃다발을 주고받고, 사진을 찍으며, 먹을 것을 나누는 모습에 청소년들만의 생동감 넘치는 잔치 분위기가 물씬 풍겼다. 그날 이후, 교회는 내게 따뜻하고 즐거운 공간으로 기억되었다.

그것이 계기가 되어 교회에 출석하기 시작했지만, 1~2번 다니다가 그만두었다. 교회에 다닐 목적이 아니라 문화공연에 초청되어 왔기 때문에 공연이 끝나면서 교회에 가는 발걸음도 멈추었다. 친구도 딱히 주일에 교회에 오라고 적극적으로 권하지 않아서 그런지 신앙생활하는 것까지는 연결되지 못했다. 그러다가 고3 겨울방학 때였는데, 정확히 무슨 이유 때문인지 모르지만 혼자 성경책을 들고 주일에 교회로 갔다. 고등부 예배를 드리기 위해서였다. 당시에는 이유를 나도 몰랐지만, 믿음이 들어오면서 알게 된 것은 하나님께서 먼저 나를 초청하셨다는 사실이다. 내가 하나님을 선택한 것이 아니라, 하나님이 나를 선택하신 것이다. 2층 본당에서 고등부가 주일 예배를 했었는데, 예배당에 들어갔을 때의 장면이 아직도 생생하게 기억난다. 본당 뒤편 출입구 쪽에 연통으로 된 난로가 있었는데, 따뜻한 기운이 예배당에 들어오는 나를 맞아 주었다. 샬롬 축제 때 학생들을 보기는 했지만, 예배에 처음 참석한 터라 어색함이 많았다. 더군다나 시골에 있는 교회였지만, 고등학생들이 생각보다 상당히 많이 모여 있었다. 여기저기 모여서 뭐가 그리 즐거운지 웃으면서 얘기를 나누고 있는 모습이 인상적이었다. 샬롬 축제를 통해 교회의 좋은 분위기가 남아 있었는지, 교회는 여전히 참 따뜻하고 좋았다.

이런 고난이 있을까?

고3으로 구성된 반에 편성이 되어서 예배를 드리고 그 자리에서 분반 공부도 했다. 그런데 문제가 생겼다. 예배하는 시간이나 분반 공부하는 시간이나 고개를 들 수가 없었다. 이유는 여자들이 너무 많이 있었기 때문이다. 경상도 남자가 뻔하지, 뭐. 시골 교회인데도 당시 고3 또래만 해도 40명 정도 되었으니 전체 다하면 숫자가 꽤 많은 편이었다. 그런데 그중에 여자들은 왜 그리 많은지 부끄러워 얼굴이 벌겋게 되어서 혼났다. 전체적으로 여자가 많은 것도 힘든데, 분반 공부를 하는데 여자가 바로 내 옆에 앉아 있었다. 그것도 한 명이 아니라 여러 명이 옆은 물론 앞과 뒤에 있으니 어찌할 바를 몰랐다. 앉아 있지만, 앉아 있는 것이 아니었다. 언제 끝나는지만 생각했다. 끝나면 얼른 갈 궁리만 하고 있었다. 여자들이 나를 쳐다보는 것도 아니고 말을 거는 것도 아닌데, 혼자 부끄러워서 고개도 못 들고 얼굴은 시뻘게져서 겨우 예배와 분반 공부를 마쳤다. 마치기는 했지만, 마치고 가는 길도 쉽지 않은 고역이었다. 여자들 사이로 지나가야 하니 여간 힘든 일이 아니었다. 처음 간 주일은 이렇게 지나갔지만, 다음 주가 걱정이었다. 이 고역을 매주 해야 한다는 말인가!

그러나 다행스럽게도, 교회의 많은 친구를 학교에서도 보고 교회에서도 만나다 보니 친구들을 쳐다보는 힘이 생겨 힘든 고난(?)을 조금씩 이겨 내고 있었다. 9시 고등부 예배가 끝나면 자연스럽게 11시 장년 예배에 참석했다. 누구 하나 강요하지 않았지만 그것이 교회의 자연스러운 정서였고 분위기였다. 당시 1년 선배들이 대학 진학에 어려움을 겪으면서 우리가 고3이 되었을 때는 고등부 예배만 하고 장년 예배는 참석하지 않아도 된다고 했었다. 정확히 말하면, 선배들이나 선생님들이 고등부 예배만 충실해도 된다고 하면서 도서관에 공부하러 가라고 권면하고 강조했다. 하지만, 우리 친구들은 예배를 소중히 여기고 고등부 예배, 장년 예배에 참석하는 것을 당연한 것으로 여겼다. 도서관을 가더라도 장년 예배까지 마치고 가곤 했었다. 1년 뒤 대학 진학에 높은 합격률을 보이면서 선배들과 선생님들이 안심하면서 축하해 주었고, 친구들은 모두 새로운 곳을 향해 각자의 길을 출발했다.

2

인생의 획을 긋는 사건

나를 찾아오신 예수님

이렇게 고3 시절을 보내고 대학에 진학하여 학교생활을 열심히 했다. 그 즈음에 교회에 전임전도사님이 새로 부임하셨다. 별명이 호빵 전도사님이었는데, 시간이 지나면서 모든 청년은 그 전도사님을 작은 예수라고 불렀다. 한마디로 사랑이 넘치는 분이었다. 항상 학생이나 청년 입장에서 생각해 주셨고 그들의 편이 되어 주셨다. 밥도 같이 먹고 운동도 같이하면서 교제의 깊이는 더 깊어졌다. 그 전도사님이 화요일인지 목요일인지 정확히 기억은 나지 않는데, 매주 악기에 재능을 가진 청년들과 노래에 관심이 있고 잘하는 친구들을 모아서 찬양집회를 열었다. 새롭게 시작하는 집회여서 그런지 찬양을 엄청 뜨겁게 하고 하나님 말씀을 깊이 나누고 그 말씀을 가지고 뜨겁게 기도하는 형식이었다. 한 주도 빠짐없이 이 집회에 참석했고, 갓 신앙생활을 시작한 나는 조금씩 성경과 믿음에 대해 알아 가는 시기였는데, 참 유익한 시간이었다.

그러다가 1990년 4월 어느 날, 찬양집회 시간에 내 인생의 획을 긋는 사건이 일어났다. 너무나 거룩하신 예수님이 이 버러지 같고 더러운 나를 찾아오신 것이다. 그때 부른 찬양의 가사가 내 심장을 뚫고 들어왔다. "그때 그 무리들이"라는 찬양이다.

> 그때 그 무리들이 예수님 못 박았네 녹슨 세 개의 그 못으로
> 망치 소리 내 맘을 울리면서 들렸네 그 피로 내 죄 씻었네
>
> 주여 저들의 죄를 용서하여 주소서 주님 눈물로 기도했네
> 귀중한 그 보배 피 나를 위해 흘렸네 그 피로 내 죄 씻었네
>
> 비웃는 그 무리들 주의 옷 벗긴 후에 주님 몸 깊이 찔렀네
> 귀중한 그 보배 피 나를 위해 흘렸네 그 피로 내 죄 씻었네
>
> 주여 나의 영혼을 받아 주시옵소서 그때 구원을 이루셨네
> 마지막 피 한 방울 나를 위해 흘렸네 그 피로 내 죄 씻었네

몇 번 불렀던 찬양인데, 그날따라 이 가사가 가슴에 들어왔다.

"귀중한 그 보배 피 나를 위해 흘렸네. 그 피로 내 죄 씻었네."

예수라는 분이 귀중한 보배 피를 흘렸다고 한다. 그런데 왜 피를 흘렸는가 했더니 다름 아닌 나를 위해 흘렸다는 것이다. 왜 그분이 나를 위해 피를 흘렸을까? 나는 본 적도 없는 분인데… 그런데 그 피를 흘린 이유가 내 죄를 씻기 위함이란다. 예수님이 나의 죄를 없애시려고 보배

로운 피를 흘렸다는 것이다.

복음을 영접하다

놀라운 사실은, 이 부분을 부르는데 이 가사의 내용이 조금의 의심도 없이 100% 믿어졌다. 나는 본 적도 없지만 예수님이 피를 흘렸다는 사실, 착하게 살아온 내가 심각한 죄인이라는 사실, 그런데 예수님의 피가 내 죄를 씻었다는 가사가 마음에 쏙 들어왔다. 이 내용이 예수님을 통해 이루신 십자가 복음의 핵심이 아닌가! 그런데 이 십자가 복음의 핵심을 성령께서 깨닫게 해 주시면서 믿어지게 해 주셨다. 생각도 못한 일이고, 기대도 못한 일이고, 이런 일이 있는 줄도 몰랐다. 눈물 콧물 다 흘리면서 회개하고 세상에 이런 기쁨이 있나 싶을 정도의 큰 기쁨을 누렸다. 그 기쁨은 경험해 보지 않은 사람은 모르는, 세상이 줄 수도 없고, 사람이 인위적으로 만들 수도 없고, 다른 기쁨과는 비교도 안 되는 기쁨이었다. 내 인생은 나도 모르는 사이에 하나님의 계획 안에서 하나님 소견에 옳은 대로 가고 있었던 것이다. 그날 내 가슴에는 예수님의 십자가가 새겨졌고, 지금도 내 가슴에 십자가가 박혀 있다. 나는 십자가에 박혀 있고, 십자가는 내 가슴에 박혀 있다. 십자가 없는 나는 아무것도 아니다. 내 인생은 바로 이 지점에서 큰 획을 하나 긋게 된다. 이 큰 획은 내가 그은 것이 아니고 하나님이 일방적으로 이 죄인을 찾아오셔서 그으신 것이다. 값으로 매길 수 없는 하나님의 은혜이고, 그 무엇으로도 측량할 수 없는 하나님의 사랑이다. 큰 획을 그어 주신 하나님께 감사와 찬양을 올려 드린다. 이 큰 획을 지나면서 내 계획에는 전혀 없던 새로운 삶이 펼쳐진다. 하나님 소견에 옳은 대로!

주의 이름을 부르는 자는

대학에 진학하고 겨울방학이 되었을 때 교회 형과 함께 아르바이트를 했다. 형 친구의 아버지가 서점을 하시는데, 형 친구가 돕고 있었다. 해야 할 일은 방학을 앞둔 초등학교 앞에 가서 당시 유명했던 전과와 수련장을 홍보하는 전단지를 수업 마치고 나오는 아이들에게 나눠주는 아주 평범하고 쉬운 일이었다. 서점을 하는 형이 운전하는 승용차에 총 5명이 탔고, 나는 운전석 뒤에 앉아 있었다. 때는 겨울이었는데, 눈이 많이 온 데다 날씨가 너무 추워서 도로는 거의 빙판이 되어 있었다. 전단지를 나눠주러 가는 학교는 시내에서 조금 떨어진 곳이었는데, 내가 살던 영천에서 경주로 나가는 길목에 있었다. 지금은 다른 도로도 생겨서 차량이 분산되지만, 그때는 경주로 가는 길이 오직 그 길뿐이었다. 그러다 보니 승용차뿐 아니라 화물차도 줄을 지어서 다니는 복잡하고 정체가 심한 곳이었다. 더군다나 편도 1차선, 왕복 2차선 도로여서 차량이 몰리면 심각한 정체가 되는 일은 다반사였다.

우리가 가야 할 학교는 도로 반대편에 있었다. 빙판길이라 조심조심, 천천히 운전했다. 학교에 거의 다 왔을 때 맞은편으로 들어가야 했다. 맞은편에 차가 오지 않는 것을 확인하고 속도를 줄이면서 왼쪽으로 들어가려고 하는 순간이었다. 운전하는 분이 미끄러우니까 속도를 줄이기 위해 브레이크를 밟지 않고 기어를 저단으로 바꾸었다. 그랬더니 갑자기 차가 빙판길에 미끄러지면서 360도 회전을 하면서 맞은편으로 넘어갔다.

그런데 바로 그 순간이었다. 나도 모르게 내 입에서 짧은 말 한마디가 튀어나왔다. "주여~~" 나도 모르게 주님의 이름을 불렀다. 승용차는 물론 평상시에도 화물차가 그렇게 많이 다니는 곳인데, 놀랍게도 그 순간에는 우리 앞에도, 뒤에도, 그리고 맞은편에도 단 한 대의 차량도 없었다. 만일 앞이나 뒤에 차량이 있었다면 갑자기 발생한 일에 당황했을 것이고, 자칫 큰 사고로 이어졌을 것이다. 무엇보다 맞은편에서 차량이 왔다면 아마 그 자리에서 주님 곁으로 가지 않았을까 싶다. 너무 아찔한 상황이었다. TV나 인터넷에서 보던 일이 내 일이었고 지금 내 앞에 벌어진 것이다. 다행히 차량과의 충돌로 인한 사고는 나지 않았다.

이런 상황도 감사하지만, 미끄러지는 차량을 통제할 방법이 없었다. 미끄러지는 대로 가만히 있어야 할 뿐이었다. 360도 회전하면서 맞은편으로 넘어간 곳에는 깊이 2m 정도 되는 작은 도랑이 있었는데, 물이 있었고 절반쯤 얼어 있는 상태였다. 회전하던 차량이 거기에 절반쯤 빠지면서 끝부분에 간신히 걸렸다. 차가 45도로 기울어진 상태가 되었고, 조금만 움직이면 차량이 거꾸로 뒤집혀서 얼음물에 빠질 판이었다. 단 몇 초 만에 일어난 일이었다. 당황할 수밖에 없는 그 상황에서 운전하던 분이 함께 탄 사람들을 침착하게 안정시킨 뒤에 차가 기울어져서 도랑에 빠지지 않도록 한 명씩 조심해서 내리도록 유도했다. 어떻게 그런 상황에서 차분함과 여유를 유지할 수 있는지 신기했다. 결국 아무도 다치지 않고 5명 모두 무사히 차 밖으로 나왔다. 주님께서 목숨을 살려 주신 잊을 수 없는 날이다. 주의 이름을 부르는 자는 구원을 얻으리라는 말씀은 100% 맞는 진리이다. 하나님의 살아 계심과 말씀이 살아 있다는 것, 살아 계신 하나님의 말씀이 사람을 살리는 힘과 능력이 있다는 사실을 삶 속에서 구체적으로 체험하기 시작했다.

3

교회가 너무 좋아서

제발 교회에 그만 와라

예수님을 만나고 나니 교회가 그렇게 좋을 수가 없었다. 누가 오라고 한 것도 아닌데 교회에 가서 살다시피 했다. 학교 교회 집이 전부였다. 학교는 수업만 듣는 곳이었고, 집은 잠만 자는 곳이었다. 내 삶의 주된 영역은 교회였다. 모이면 찬양하고, 운동하고, 같이 밥 먹는 것이 큰 재미였다. 당시에는 지금처럼 다양한 문화가 없었고, 기타 한 대만 있으면 누가 말하지 않아도 여러 명 혹은 십여 명이 모여 찬양을 불렀다. 열심히 부르고 나면 2시간이 지나 있는 일은 다반사였다. 누가 기도 제목을 말하면 그것을 가지고 뜨겁게 기도했다. 당시에는 찬양과 기도의 분위기가 자연스러운 것이었다. 특별새벽기도회가 있으면 서로 깨워 주면서 열심히 참석했다. 청년 시절에 새벽 기도에 대한 훈련을 받고 있었다. 교회를 얼마나 좋아했는지 담임목사님이 교회에 그만 오라고 할 정도였다. 청년들이 모여 있다가 담임목사님이 오신다고 하면 담을 넘어 도망가는 일도 많았다. 도망가면서도 교회에 열심히 오는 것이 도망가야 할 일인가 생각하기도 했다. 형님과 누나들은 신앙생활의 모범이 되면서 나의 부족한 부분을 채워 주었고, 동기들은 숫자적으로 많기도 하면서 누구보다 열심이었고, 동생들도 모이기에 힘쓰고 재능을 가진 이들이 많았다. 선배와 후배와의 관계도 좋아서 모이면 천국을 맛볼 수 있었다.

청년 시절에 만난 두 목회자

청년 시절에 만난 두 분의 전임전도사님이 있다. 한 분은 앞에서 소개했던 호빵을 닮았지만, 작은 예수의 삶을 보여 주신 분이다. 지금은 제주도에서 담임 목회를 하고 계신다. 청년 시절에 이런 목회자를 만난 것은 하나님이 주신 복이 아닐 수 없다. 예배와 말씀과 기도를 배우고, 사랑이 무엇이고 어떻게 하는 것인지 말이 아닌 행동으로 보여 주셨다. 또한 목회자는 어떠해야 하고 어떤 마음으로 사역해야 하는지 나도 모르게 목회자의 모델을 통해 경험하게 하셨다. 이분의 영향을 받은 청년들은 너무너무 많다. 시골 교회에서 목회자도 많이 나왔고, 지금 현직 목회자로 있기도 하고 선교사로 사역하는 동생도 있다. 정말 평생 잊지 못할 하나님의 선물이다. 한편 개인적으로는 참 미안한 마음도 있다. 사모님이 전도사님에게 가죽 잠바를 하나 사 주셨는데, 전도사님이 그것을 나에게 주셨다. 완전히 준 것이 아니라 그날 잠시 빌려주셨는데 입다 보니 너무 좋아서 내가 계속 입었다. 그래도 전도사님은 달라는 소리도 못 하셨다. 사모님이 많이 속상하셨을 텐데, 이 자리를 빌려 죄송하다는 말씀을 전하고 싶다.

또 한 분은 그 후임으로 오신 분인데, 이분도 대단하다. 누구나 그렇지만, 새로운 목회자가 오면 그분과 관계를 맺기까지 시간이 걸리고,

또한 이전 목회자의 영향력과 여운이 남아 있는 것도 사실이다. 더구나 젊은 청년들이 작은 예수님과 같은 분과 함께 신앙생활을 했다면 그 시간은 길어질 수도 있다. 정말 너무나 좋은 분이셨기 때문에 그 영향력과 여운은 생각보다 깊고 오래갔다. 그런데 내가 청년부 회장을 할 때였는데, 어느 날 새로 오신 전도사님이 나에게 물었다.

"이전에 사역하셨던 전도사님은 어떤 분이셨고 어떻게 사역했습니까? 도대체 어떻게 했길래 청년들 속에 아직 그분이 남아 있습니까?"

질문을 듣는 순간, 죄송하기도 했고 놀라기도 했다. 새로 오신 분을 목자로 인정하고 존중하고 협력하지 못했다는 마음과 청년들과 함께하기 위해서 어떻게 생각하면 자존심 상하는 물음을 주셨기 때문이다. 그래서 이전 전도사님에 대해서 상세하게 그러나 조심스럽게 말씀드렸고, 그 전도사님은 다 들으신 뒤에 알겠다는 짧은 대답만 하셨다. 그런데 놀라운 일이 벌어졌다. 새로 오신 전도사님이 얼마나 열정적으로 사역하시는지 빠른 속도로 청년들과 관계가 깊어지고 하나 되는 일들이 일어났다. 청년들과 함께하려고 애를 쓰시고, 청년들의 소리에 귀를 기울이시고, 자녀들이 3명이었는데도 청년들에게 많은 시간을 할애하셨다. 함께 사역하는 것이 즐겁고 기뻤다. 적은 사례비에도 불구하고 베풀고 나누는 삶도 친히 보여 주셨고, 말씀을 통해 옳다고 생각하시는 바를 꿋꿋하게 진행하셨다. 하나님께 영광을 돌리는 삶, 하나님의 일에 마음은 물론 신발 하나까지도 정성을 다해 준비해야 한다는 것까지 많은 훈련을 받았다. 차량이 필요한 일이 있으면 본인의 차 키를 아무런 고민도 없이 그냥 내주셨다.

잊을 수 없는 일이 있다. 운전면허를 따고 맞이한 첫 주일에 자신의 차를 내주면서 교회학교 아이들을 데리고 오라고 말씀하셨다. 아니, 이제 면허증을 땄는데 바로 운전하라고, 그것도 아이들을 데려오는 중요한 일을 초보 운전자에게 하라고 하시다니…. 그날 아이들을 데리고 오다가 지나가는 차를 긁었다. 아이들이 타고 있었는데 하마터면 큰 사고가 날 뻔했다. 무식하면 용감하다고, 내가 상대방 운전자에게 더 큰소리를 쳤다. 상대방 운전자가 나를 보더니 하도 어이가 없기도 했고, 무엇보다 차량 뒤에 아이들이 타고 있는 것을 보고는 그냥 가자고 했다. 그 자리에서는 당연하다고 생각했지만, 정신을 차리고 보니 나 자신이 한심하고 어이가 없었다. 그 다음부터 사고는 없었다. 이런 전도사님의 용감한 결단과 삶의 모범을 통해 내 소견에 옳은 대로 사는 틀이 조금씩 나도 모르게 수정되고 있었다.

왜 나만 시키냐고요?

예수님을 만난 뒤, 교회에서 이런저런 봉사를 하게 되었다. 찬양대, 찬양팀, 교사, 임원 등 다양한 자리에서 섬겼고, 은혜받은 사람이라면 마땅히 감당해야 할 일이라 생각했기에 힘든 줄도 모르고 기쁨으로 섬겼다. 그런데, 가장 이해가 되지 않은 일이 있었다. 겨울과 여름에 교회학교에서는 수련회를 진행한다. 수련회의 절정은 마지막 저녁에 하는 집회다. 교사들이 다른 프로그램에 비해 정말 심혈을 기울여 가장 많은 에너지를 쏟아붓는 시간이다. 마지막 집회를 통해 아이들이 하나님을 만나야 한다는 그 목표 하나 가지고 혼신의 힘을 다한다. 나도 수련회는 아니지만, 찬양집회를 통해 예수님을 만났기 때문에 더욱 마음이 가는 것이 사실이다.

그런데, 전도사님들이 계셨는데도, 그 중요한 찬양집회 시간에 진행하는 기도회를 꼭 나한테 맡기셨다. 이 중요한 일을 전도사님들이 하셔야지 왜 나한테 맡기는지…. 경험이 풍부한 사람에게 맡기거나, 최소한 어떻게 하는 것인지 알려 주시거나 보여 주시기라도 해야 하지 않나 싶었다. 전도사님들이 너무 편하게 수련회를 진행하고 있는 건 아닐까 하는 생각까지 들었다. 하나님도 너무 하신 거 아닌가! 여름에는 수련회 3곳을 참여하면 방학이 끝났다. 3곳에서 모두 찬양집회를 인도할 때도 있었다. 어떤 때는 미련하게 너무 일찍 여름 행사를 준비한 탓에 정작 여름 행사를 진행하던 중에는 탈진해서 링거를 맞기도 했다. 여름 행사가 끝나면 링거로 영양을 보충할 때도 많았다. 이렇게 기도회 인도가 반복되면서 어느새 수련회 준비 때 기도회를 준비하라는 말씀을 따로 하시지 않아도 알아서 기도회를 준비하고 있는 나 자신을 보며 놀라기도 하고 웃음을 짓기도 했다. 참 감사한 것은 기도회 가운데 성령께서 너무나 강력하게 역사하시는 것이었다. 아이들이 가슴을 치면서 회개하고, 서로 죄를 고백하기도 하고, 은사가 임하기도 하고, 세상이 줄 수 없는 기쁨을 누리기도 하면서 '여기가 천국이구나'라는 고백이 절로 나왔다. 집회 때마다 천국의 기쁨을 맛보게 하신 하나님께 참 감사할 뿐이었다.

청년 사찰

예수님을 만난 뒤 교회가 너무 좋아서 교회에서 살다시피 했다. 자연스럽게 봉사하는 일들이 하나둘 늘어나기 시작했다. 예배에 관련된 봉사를 비롯해서, 고등부를 졸업하자마자 유년부 교사로 섬겼고, 토요일에 교회 청소하는 일도 빠짐없이 참석했다. 교회 봉고차를 사용하는 일이라면 사찰 집사님의 일이 너무 많아서 대신 운전을 도맡아 했다. 성도들도 당연히 내가 하는 줄 알고 나에게 운전을 많이 맡기기도 했다. 성탄절이 다가오면 교회 곳곳에 전구를 달고 트리 장식을 한다. 본당과 교육관 안팎은 물론이고, 건물 외벽과 십자가가 걸려있는 철탑에도 전구를 달아야 했다. 철탑 위로 올라가 전선을 연결하는 일은 대부분 부담스러워했지만, 나에게는 가장 신나는(?) 일이었다. 철탑에 올라가서 작업을 해야 하기에 옷은 두껍게 입을 수가 없다. 추운 겨울에 바람이라도 부는 날이면 거의 동태가 될 지경이지만, 그래도 즐거운 일이었다.

철탑에 올라가는 것을 사람들이 꺼리는 이유가 있었다. 어느 해에 교회 형님 한 분이 철탑에 올라가서 까치집을 제거하다가 전기에 감전이 되는 사고가 발생했다. 감전되면서 철탑 아래 시멘트 바닥에 떨어졌다. 다들 놀라서 어쩔 줄 모르고 있었는데, 장로님 한 분이 올라가서 형을 끌어안고 기도하기 시작했다. 그런데 얼마 지나지 않아 형이 정신을 차리면서 일어났고, 몸에는 아무 이상이 없었다. 주의 은혜였다. 이런 일이 있다 보니 철탑에 올라가는 것을 조심스러워했다. 그런데 나에게는 둘도 없는 기회였다. 주님 오심을 교회 주변과 이웃에게 빛을 비추어 드러내는 이 일에 내가 빠질 수가 없었다. 나는 무슨 용기인지 당당하게 올라갔다. 나는 왜 이런 일이 재미있는 것일까?!

이상한 청년

당시는 이해하지 못했지만, 지금 돌이켜보면 그것이 하나님의 오묘한 섭리였다고 확신하게 되는 일이 있다. 그것은 청년 시절부터 교회에서 치러지는 장례라는 장례는 모두 쫓아다녔다. 당시에는 화장보다는 매장하는 경우가 훨씬 더 많았고, 종종 가파른 언덕이나 작은 산에 올라가야 할 경우도 많았다. 드물지만, 꽃상여를 어깨에 메고 가는 경우도 있었다. 그것도 가파른 언덕길을 10여 명이 메고 가는데 여간 어려운 일이 아니었다. 경사도 있고 함께 하는 사람들이 호흡을 맞춰야 안정되게 운구할 수 있기 때문에 너무 힘을 줘서도 안 되고 빼서도 안 되었다. 나만큼 장례에 많이 참석한 사람이 없을 정도로 장례에 참여했다. 청년은 거의 내가 유일했다.

뭔지는 모르겠지만, 내가 아는 사람도 있고 모르는 사람이 더 많지만, 마지막 가시는 길에 함께 한다는 것이 보람 있는 일로 다가왔다. 목회자가 된 지금, 수많은 장례를 인도하면서 청년 시절의 그 경험들이 이때를 위한 준비였음을 실감하게 된다. 그 덕분에 어색함도, 두려움도 없이 당연히 내가 해야 할 일이라는 좋은 마음이 있다. 초상집에 가는 것이 잔칫집에 가는 것보다 낫다는 전 7:2의 말씀을 실천하는 것이기도 하지만, 모든 사람의 끝을 간접적으로 경험하는 일이기 때문이다. 장례식에 참여할 때마다 고인이 나에게 주는 메시지가 있다. "다음은 너야! 다음은 네 차례야!" 정신이 번쩍 드는 보배로운 메시지다. 교회 안에서 여러 가지 봉사를 감당하다 보니, 어느새 내 별명은 청년 사찰이 되어 있었다. 청년 사찰, 별로 나쁘지 않은 별명이다. 나는 왜 이렇게 교회가 좋을까?!

형, 몸이 이상해요!

조금은 조심스럽기도 하지만, 하나님께서 보여 주시고 행하신 일이기에 자랑하려고 한다. 청년의 때에 한창 기도의 불이 붙어서 새벽 기도에 참여하고, 끝나면 1~2시간씩 따로 모여 더 기도하고, 저녁에도 모여서 2시간 정도 기도할 때였다. 이렇게 불이 강력하게 붙은 이유는 죄에 대한 회개에 대해 집중하면서였다. 거룩하신 하나님 앞에서 자신의 허물과 죄가 드러나기 시작했고, 깨달아지는 대로 회개할 때 가슴을 찢는 회개가 일어났다. 함께 모여 기도할 때면 서로에 대한 실수와 허물을 이야기하면서 서로 잘못을 시인하고 서로 용서하는 은혜의 시간이 있었다. 실제로 경험한 그대로 표현하자면, 성령께서 죄를 토해내게 만드셨다. 성령님이 얼마나 죄를 싫어하시는지 그냥 알 수 있었다. 그리고 죄가 하나님과의 관계를 얼마나 분리시키고 깨뜨리는지를 똑똑히 깨닫고 경험하는 시간이었다. 이렇게 시인하고 용서하는 그 자리는 천국으로 변했다. 누구 하나 정죄하기보다는 용서의 기쁨으로 충만했다. 세상이 줄 수도 없고 알 수도 없는 그런 기쁨과 평안이었다. 그날도 저녁 기도를 마치고 집으로 돌아갔는데, 밤 12시가 되어 가는 즈음에 당시 청년회장 동생으로부터 전화가 왔다. "형, 몸이 이상해요!" 말을 듣자마자 차를 타고 집으로 데리러 갔다. 도착해서 만났을 때는 아무런 이상이 없는 듯 보였다. 무슨 일이 있는가 싶어서 다시 교회로 갔다. 교육관에 들어가서 무슨 일인지 물어보는데, 갑자기 기도를 시작하더니 조금 더 지나서는 방언까지 했다. 그것도 눈물까지 흘리면서! 영적으로 무지했던 나는 성령께서 회개하게 하시면서 큰 은혜를 베푸신다고 생각하고 같이 통성으로 기도했다. 한참을 기도하는데 그 청년회장이 통제가 안 되었다. 얼마나 힘이 센지 멈출 수가 없었다. 2시간이나 지났을 때쯤 점차 안정되기 시작했다.

성령의 임재 가운데 회개 기도를 했고, 완전히 안정도 되고 해서 그냥 집으로 돌아갔다. 그런데, 다음 날부터 이 청년이 임원을 함께 했던 청년들을 만나서 용서를 구해야 한다고 동행해 주기를 요청했다. 그래서 여러 명의 청년을 방문해서 무릎을 꿇고 기도하면서 용서를 구하고 끌어안고 화해했다. 하나님께서 일하시는 좋은 분위기라고 생각했다.

또다시 반복된 증세

그런데 며칠 후, 새벽에 모여 기도하는데 똑같은 증세가 또 나타난 것이다. 온몸을 흔들면서 방언을 하기 시작했다. 함께 한 청년들에게 며칠 전의 상황을 얘기했고, 함께 기도하는 가운데 한참 후 안정이 되었다. 그래서 그 청년에게 무슨 일이 있었는지 물었다. 상황을 설명하는데 그 자리에 있던 모든 청년이 깜짝 놀랐다.

증세가 처음 나타난 날, 저녁 기도를 마치고 집에 돌아가서 더 기도하려고 침대에 무릎을 꿇었는데, 기도가 아니라 원망이 나왔단다. "하나님, 왜 내 몸을 이렇게 만들어 놓으셨어요?" 이 청년은 태어날 때는 정상이었는데, 어릴 때 넘어지면서 복숭아뼈 있는 곳이 돌에 부딪히면서 뼈에 문제가 생기는 병에 걸렸다. 하반신은 겨우 스스로 움직일 정도였고, 손가락은 점점 안으로 굽으면서 굳어지는 병이었다. 자기 몸 상태를 쳐다보면서 정상으로 만들어 주시지 왜 이렇게 만드셨냐고 하나님을 원망했던 것이다.

문제는 그다음이다. 그 원망을 하자마자 몸이 이상해졌다는 것이다. 그리고는 방언도 하고 눈물도 흘리면서 기도했다는 것이다. 이것이 무슨 상황인지 정확히 알 수가 없었다. 들은 적도 없고 본 적도 없었으니 알 리가 만무했다. 더군다나 그날따라 목회자들이 수련회에 가셔서 아무도 없었다. 어떻게 할 줄을 모르고 있는 사이에 시간이 많이 흘러 아침이 되었는데, 마침 수련회에 가셨던 전도사님이 오셨고, 전도사님께 상황을 설명드렸다. 놀라운 말씀을 하셨다. 아마도 귀신이 들어간 것 같다고. 그 밤에 원망하는 틈을 타서 귀신이 들어간 것이었다. 그러니까 그때 눈물을 흘리면서 방언으로 기도했던 것이 회개가 아니라 귀신의 장난이었고, 영적으로 경험도 없고 무지했던 나는 거기에 속았던 것이었다. 그런데 참 놀랍고 감사한 것은 그 이야기를 들었는데도 두렵지 않았다.

사랑에서 나오는 눈물의 파워

귀신이 들어갔다면 쫓아내야 하는데 그 당시에는 바로 하지 못했다. 그러다가 교역자가 바뀌고 10여 명의 청년들이 금요기도회로 모여서 기도하던 어느 날이었다. 그 청년과 나는 마주 앉아 있었는데, 눈빛을 보니 뭔가 일어날 것만 같았다. 아니나 다를까, 그 청년이 하는 말이 "형, 준비됐어요?" 그러더니 갑자기 몸을 흔들면서 방언하기 시작했다. 한바탕 영적 전쟁을 치를 상황이 온 것이다. 하반신은 힘이 없어도 상체는 그런대로 건강했고, 얼마나 힘이 센지 건장한 청년 3~4명이 달라붙어서 사지를 붙잡아야 겨우 통제가 되었다. 귀신을 쫓아내기 위한 영적 전쟁이 처음으로 강렬하게 시작되었다. 부르짖어 기도하고, 방언으로 대적하면서 전도사님과 10여 명의 청년들이 사투를 벌이고 있었다. 얼마나 지났을까? 한참 기도하다가 눈을 떠서 벌어지는 상황을 살펴보니 뭔가 안 될 것 같은 느낌이 들었다.

그래서 그날따라 기도회에 오지 않은 청년 2명이 생각이 나서 다른 청년에게 연락해서 오라고 부탁했다. 늦은 시간이었지만 잠시 후 2명의 청년이 도착했고, 함께 기도하기 시작했다. 기도하면서 왠지 귀신이 힘을 잃는 것 같은 느낌이 들었다. 그래서 입을 보니 거품이 조금 보였다. 성경에 귀신이 예수님께 압도당할 때 거품을 흘리게 하는 말씀이 생각이 났다. 그런데 왜 그런가 봤더니, 나중에 온 2명의 청년 중 한 명이 울고 있었다. 귀신에 사로잡힌 그 청년의 영혼이 너무 불쌍해서 눈물이 났다는 것이다. 결국 귀신을 쫓아냈고 그 청년은 자유 하게 되었으며 우리는 능력으로 역사하신 하나님을 찬양하며 기뻐했다. 중요한 것을 배웠다. 영혼을 사랑하는 마음, 거기에서 나오는 눈물 앞에 귀신도 어쩔 수가 없다는 것을 말이다. 청년 시절에 합심 기도의 힘, 기도의 중요성, 하나님의 능력, 사랑의 파워를 경험하는 잊지 못할 영적 체험이었다.

하나님 소견에 옳은 대로

그런데 이것이 나를 향한 큰 계획 속에 하나님 소견에 옳은 대로 행하시는 선물이었다. 이때 경험했던, 반복하던 찬양집회와 기도회 인도, 간절히 부르짖는 통성기도는 나도 모르게 훈련이 되어 몸에 조각이 되고 있었고, 뒤에서 소개할 또 하나의 획인 목회자의 길을 가는 내내 하나님 앞에 서는 강력한 도구이자 힘이 되고 있다. 내 소견에 옳은 대로, 찬양집회와 기도회 인도를 전도사님께 맡겨 드렸다면, 목회자라면 필수인 찬양 인도와 기도회 인도는 너무나 어려운 고역이 되었을 것이다. 부교역자 시절은 물론이고 현재 담임목사로서 기도회 인도를 하는 것

은 하나도 힘든 일이 아니다. 너무나 익숙하고 두려움 없이 감당할 수
있는 사역이다. 이 자리를 통해 찬양집회와 기도회 인도를 과감하게 믿
고 맡겨 주신 전도사님께 심심한 감사의 마음을 전하고자 한다.

3부

하나님 소견을 따라 신학교로

1

미래에 대한 나의 소견

중학교 때 꿈이 있었다. 그 꿈은 어부가 되는 것이었다. 어부가 되려고 했던 배경이 있다. 낚시를 참 좋아했다. 게다가 집 앞에 큰 강이 있어서 학교에 갔다 오면 가방을 던져 놓고 대나무 낚싯대를 가지고 낚시하러 갔다. 하루 중 가장 신나고 즐거운 일과였다. 날마다 크고 많은 물고기를 잡는 꿈을 꾸었다. 그러다가 실제로 고기를 많이 잡은 날에는 저녁에 가족들의 입을 즐겁게 해 주는 일도 종종 있었다. 나는 생각했다. 낚시는 바늘이 2개가 달려 있는데, 많이 잡아도 한 번에 2마리밖에 못 잡았다. 한번에 많이 잡으려면 어떻게 하면 될까? 답이 금방 나왔다. 어부였다. 그물을 넓고 길게 내리면 한 번에 많은 고기를 잡을 수 있겠다는 생각이 들었고, 그래서 나는 어부가 되는 것을 꿈으로 정했다. 아직 어부가 되지 않았지만 어부가 된다는 생각만으로도 기쁘고 흥분되었다. 그렇게 중학교 때 재미로 하던 낚시를 꿈으로 정한 뒤, 그 꿈은 고등학교에 가고, 청년이 되어도 지속되었다. 낚시, 정말 많이 했다. 명절에 친척들이 모이면 얼른 제사 끝내고 낚시하러 갔다. 겨울에도 낚시를 멈출 수 없었다. 차가운 날씨에 손을 터질 것 같이 차고 아픈데도 손에 입김을 불어 가면서 고기 잡는 일에 특심을 가지고 있었다. 이런 열심을 다했음에도 물고기를 많이 잡지 못했다면 어부가 되는 것을 고민하거나 낚시하는 것을 그만두었을지도 모른다. 하지만, 그만큼의 성과가 있었기 때문에 계속 낚시에 빠졌고, 어부가 된다는 꿈은 변함이 없었다.

또 하나의 획을 그으며

대학교 1학년 때 예수님을 만났고, 전임전도사님과의 만남을 통해 청년 시절을 너무나 귀하게 보내고 있었다. 주변 사람들로부터 이상한 소리가 들려오기 시작했다. "신학교에 가는 것을 어떻게 생각하세요?", "신학교에 가는 것이 좋겠어요.", "진지하게 기도해 보세요." 전도사님은 하나님이 신학교로 부르신 것 같다는 어마무시한 말씀까지 하셨다. 전도사님뿐 아니라 주변에 다양한 신분과 지위의 사람들이 권면하기 시작했다. 내 인생에 신학교라니, 어림도 없는 소리였다. 그런데 나중에야 조심스럽게 깨달은 것이지만, 이 다양한 소리들이 하나의 출처, 하나님 소견에 옳은 대로 이끄시는 것이었다는 사실이다.

신학교에 가기로 결정하다

그런 소리를 뒤로 하고 군대에 입대했다. 훈련소를 거쳐 춘천으로 자대 배치를 받고 군복무를 했다. 이등병으로서 자질구레한 일을 해야 할 때였지만, 미약한 운동신경이 잘 발동해서 고참들과 탁구치고, 운동장에서 족구와 축구를 하면서 눈치는 보였지만 즐거운 생활을 했다. 종교 행사가 있는 날이면 어느 누구의 눈치도 보지 않고 무조건 참여한다고 손을 들었다. 청소하고 총 닦는 일을 하기 싫어서가 아니라 하나님께 예배하고 싶었기 때문이다. 나의 죄를 씻어 주시고 구원해 주신 하나님께 찬양과 경배를 드리기 위해서다. 눈치를 보다가 교회에 못 가는 일이 반복되면 믿음이 후퇴하거나 아예 못 가게 되는 상황이 올 수도 있기 때문에 처음부터 무조건 손을 들고 간다고 고집을 부렸다. 처음에는 눈치도 주고 동기들에게 욕도 먹었지만, 뻔뻔스럽게 간다고 하니까 나중에는 이놈은 무슨 일이 있어도 교회 가는 놈이라고 인정해 주었다. 자연스럽게 중대 군종을 하면서 후임들을 챙겨서 예배하러 갔고, 내무반에서 할 경우에는 찬양 인도와 기도회를 하면서 나도 신앙을 지키고 후임들도 믿음의 경주를 잘할 수 있도록 돕는 역할을 했다.

나도 왜 그랬는지?

가끔 저녁에 과일이 특식으로 나올 때가 있다. 어느 날은 사과가 나왔다. 정말 먹음직하고 보암직하게 생겼다. 그것을 나눠주는 담당이 되었을 때 있었던 일이다. 좋은 것을 골라서 선임을 존중하는 마음으로 나눠주고 있었다. 1개씩 잘 나눠줘야 모두 맛을 볼 수 있었다. 그런데 어느 선임이 와서 한꺼번에 사과를 7개를 가지고 가는 것이 아닌가! 선임이 사과를 너무 좋아해서 욕심을 부려서 많이 갖고 간다면 할 수 없는 일이다. 그런데 순간 나눠주던 일을 멈추고 그 선임을 째려봤다. 군대에서는 있을 수 없는 일이다. 감히 선임을 째려보다니. 내가 제정신이 아니었을 것이다. 그런데 내 마음에 든 하나의 생각 때문이다. 그것은 이놈이 혼자 7개를 먹으면 6명의 후임이 사과를 못 먹게 된다. 이 사실에 참을 수가 없었다. 불꽃 튀는 눈싸움이었다. 얼마나 지났을까? 놀라운 일이 벌어졌다. 갑자기 그 선임이 내가 무서웠는지(?) 미안하다고 하면서 사과 6개를 도로 갖다주는 것이 아닌가! 본인도 나눠주는 역할을 할 때가 있었던 터라 후임들을 생각하는 마음을 읽은 것이 아닌가 싶다. 사과를 다시 갖다줘서 고맙지만, 정신을 차리고 보니 내가 무슨 짓을 한 것인가 생각만 해도 아찔하다. 그날 무사히 밤을 지낸 것이 은혜다. 그런데 진짜 은혜는 이런 경험을 통해서 사람들을 생각하고 아픔에 공감하고 돌보고 베푸는 사랑의 마음을 배우고 훈련하고 있었던 것이다. 제대할 때 후임들로부터 많은 축복을 받고 고맙다는 말을 들으면서 함께해 주신 하나님께 감사할 수 있었다.

2

미래에 대한 하나님의 소견

마음을 정하다

군 복무를 마치고 다시 3학년에 복학했다. 교회에 갔더니 다시 신학교에 대한 얘기가 들려오기 시작했다. 한 사람도 아니고 여러 사람이, 여러 경로를 통해서 동일한 말을 하니 조금씩 마음이 움직이기 시작했다. 전도사님도 여러 사람이 얘기할 때는 하나님의 뜻일 수도 있으니 진지하게 기도해 보라고 하셨다. 그때까지만 해도 하나님의 음성을 듣는 것이 무엇인지, 어떻게 뜻을 분별하는지 지식도 없고 분별력도 없었던 때다. 그래서인지 하나님은 끊임없이 주변 사람들을 통해 말씀하셨고, 단순히 지나가는 말로 툭 던지는 것을 넘어 진지한 권면을 통해 하나님 소견에 옳은 대로 가도록 초청하고 계셨다.

그러던 중에, 사도바울에 대한 말씀을 배우게 되었다. 바울은 예수님을 하나님께 저주받아 나무에 달린 죄인이라고 믿고 있었다. 그래서 그 죄인 예수님을 믿는 사람을 때려잡으러 다니고 교회를 핍박했다. 예수님을 너무 잘못 알고 있었던 것이다. 이유가 있다. 요 16:2에 보면, 예수님께서 제자들에게 다락방 강화 말씀을 하시는 장면이 나오는데, "사람들이 너희를 출교할 뿐 아니라 때가 이르면 무릇 너희를 죽이는 자가 생각하기를 이것이 하나님을 섬기는 일이라 하리라.”고 알려 주신다. 예수님을 믿고 따르는 제자들에게 종교 권력자들이 너희를 유대교에서 출교할 것이라는 사실, 때가 이르면 너희를 죽음으로 몰아갈 것이라는 사실, 무엇보다 너희를 죽이는 일을 두고 하나님을 섬기는 일이라고 생각할 것이라는 사실을 알려 주신다. 그러니까 바울이 예수 믿는 사람과 교회를 박해하는 이유는 그것이 하나님을 섬기는 일이었기 때문이다. 한 사람이라도 더 박해하면 하나님을 더 잘 섬기는 일이 되는 것이다. 그래서 다메섹에도 복음이 전파되어 예수 믿는 사람이 있다는 얘기를 듣고 공문을 받아 거기까지 박해하러 간 것이다.

그런데 부활하신 예수님을 만나게 되면서 눈에 비늘 같은 것이 벗겨졌다. 단순히 빛에 의해 보지 못했던 시력을 회복했다는 뜻이 아니라 새롭게 보게 되었다는 뜻이다. 비늘이 벗겨지면서 무엇을 새롭게 보게 되었을까?

먼저, 바울의 눈에서 비늘이 벗겨지면서 예수님을 새롭게 보게 되었다. 예수님을 만나기 전에 바울에게 있어 예수님은 죄인이었는데, 비늘이 벗겨지면서 예수님이 죄인이 아니라 메시아라는 것을 새롭게 보게 되었다. 예수님이 십자가에 달려 죽었지만, 자기 죄로 죽은 것이 아니라 오히려 죄인들을 위해 대신 죗값을 치르고 구원하러 오신 메시아라는 것을 깨닫게 된다.

또한, 바울은 예수님이 메시아라는 것을 알게 되면서, 동시에 자신이 심각한 죄인이라는 것을 보게 되었다. 예수님을 만나기 전에는 율법의 의에 사로잡혀 스스로 의롭다 여기며 살았다. 빌 3장에 있는 대로, 팔일 만에 할례를 행하고, 이스라엘 족속이고, 초대 임금을 배출한 베냐민 지파 소속이며, 히브리인 중의 히브리인이고, 율법으로는 의미 자체가 구별되었다는 바리새인이며, 열심을 말하면 교회를 박해하고, 율법의 의로는 흠이 없는 사람이었다. 자기 잘난 맛에 살면서 남을 비난하고 정죄하던 사람이었다. 하지만 비늘이 벗겨지면서, 예수 그리스도를 아는 것이 얼마나 고상한 일인지, 그리고 자신이 자랑하고 유익하게 생각했던 모든 것이 배설물에 불과하다는 것을 알게 되었다. 예수님 앞에 자신은 죄인 중의 괴수일 뿐이었다. 감히 메시아이신 예수님 앞에 설 수 없는 구제 불능의 죄인, 죄인 중에서도 우두머리임을 깨닫게 된다.

또한, 바울은 비늘이 벗겨지면서 예수 믿는 사람을 박해하는 것이 곧 예수님을 박해하는 것과 동일하다는 것을 깨달았다. 예수님은 교회의 머리이고, 교회는 그의 몸이니, 몸인 교회를 공격하면 연결된 머리도 당연히 고통당하는 것이다. 그래서 교회를 박해하고 무너뜨리던 사람이 이제는 교회를 세우고 성도들을 복음의 열정으로 지키고 보호하려고 헌신하는 사람이 되었다. 골 1:24에서는 비늘이 벗겨진 바울의 멋진 고백이 나온다. "나는 이제 너희를 위하여 받는 괴로움을 기뻐하고 그리스도의 남은 고난을 그의 몸 된 교회를 위하여 내 육체에 채우노라." 남을 괴롭히는 일을 기뻐하던 바울이 교회를 위하여 괴로움을 받고, 또 그것을 기뻐하기까지 한다고 말한다. 그리고 그리스도의 남은 고난, 얼핏 보면, 예수님께 십자가의 고난만으로 부족하고 또 다른 고난이 남아 있다는 말처럼 들릴 수 있지만, 그리스도의 남은 고난은 '그와 함께', '그를 위하여' 받는 고난을 의미한다. 그리고 그 고난을 이제는 다른 사람이 아닌 자기 온몸으로 받겠다고 고백한다.

마지막으로, 비늘이 벗겨지면서 자신의 존재 목적이 무엇인지를 다시 보게 되었다. 바울을 재창조하신 예수님이 바울의 사명이 무엇인지 알려 주셨다. 이방인과 임금들과 이스라엘 족속에게 복음을 전하는 사명이었다. 이것이 바울을 향한 하나님의 소견이었다. 그래서 바울은 주 예수께 받은 사명, 곧 하나님의 은혜의 복음을 증언하는 일을 위해 목숨을 아까워하지 않고 기꺼이 내어 드린다. 자신의 목숨보다 예수님이 주신 사명이 더 귀했다. 성령이 임하면 권능을 받고 땅끝까지 내 증인이 되리라는 말씀은 사도들이 받았지만, 실제로 땅끝은 바울이 간다. 비늘이 벗겨지면서 깨닫게 된 자신의 사명이었기 때문이다.

바울은 예수님을 만나기 전이나 만난 후에나 하나님을 섬기는 것에는 변함이 없지만, 방향과 내용과 목적이 달라졌다. 성령의 임재와 기도 중에 일어난 일이다. 예수님이 새벽 기도를 통해 사역의 방향, 사역의 내용과 목적, 그리고 사역할 능력을 받은 모습과 일치한다.

내가 바울의 삶을 보면서 도전받고 푹 빠진 이유가 있다. 그것은 부활하신 예수님을 만난 바울은 예수님을 위해 살고 예수님을 위해 죽는다. 곁길로 가거나 멈추거나 돌아가는 일이 없다. 아무리 박해해도, 아무리 막혀도, 아무리 육체적인 고통이 있어도 오직 예수님을 위해 살고 예수님을 위해 죽는다. 어떻게 변함없이, 한결같이, 한 길을 갈 수 있는가? 그러면서 나도 바울처럼 살고 싶은 마음이 일어났다. 목회자가 되어서 바울처럼 변함없이 나를 위해 피를 흘려 죄를 씻어주신 예수님만을 위해서 살 수 있다면 이것보다 귀하고 알찬 삶이 어디 있을까 생각했다. 바울이 어떻게 변함없는 삶을 살 수 있었을까 하는 비결은 뒤에서 소개하기로 한다. 대학교 4학년이 되면서 내 마음은 서서히 신학교에 가는 것으로 바뀌고 있었다.

3

예상치 못한 일을 만나다

부모님의 반대

신학교에 가기로 결정했지만, 마음에 걸리는 일이 있었다. 부모님이다. 아버지는 종갓집 종손으로 제사에 특심을 가지고 계셨다. 더구나 할머니를 모시고 사는 상황이어서 제사는 빼놓을 수 없었다. 1년에 10번은 넘었던 것 같다. 어머니는 종갓집 종손에게 시집을 와서 고된 살림을 하시면서도 제사를 준비하셔야 했다. 어머니도 제사에 진심이셨다. 음식을 준비하는 데 최선을 다하셨고, 아버지도 조율이시 홍동백서 등을 철저하게 지키시면서 제사를 준비하셨다. 이미 교회에 다니고 있었던 나는 제사가 못마땅했고, 무엇보다 거의 1개월에 1번씩 있는 제사가 불편했고, 그것도 밤 12시에 한다는 사실이 싫었다. 오지도 않는 조상 귀신이 진짜 오신다는 이상한 믿음 때문에 밤 12시에 꼭 방문을 열어 놓고 제사를 지내는 것이 너무너무 싫었다. 나도 제사를 이어받아야 하는 운명을 타고 났기에 제사를 해야 했고, 준비하는 과정도 배워야 했다.

그러던 어느 날 제사를 피할 궁리를 하게 되었다. 어머니는 제사하는 날이 다가오면 2-3일 전에 알려 주셨다. 미리 준비하라는 신호였다. 하지만, 나는 도망가라는 신호로 해석하고 제삿날이 되면 밤 9시쯤 집을 나선다. 그리고는 친구 집에 간다. 11시쯤 되어서 집으로 전화를 드린다. 지금 친구 집에 있어서 제사에 참여하는 것이 힘들 것 같다고 통보한다. 수화기로 야단하시는 아버지의 음성이 들려온다. 죄송하다는 말과 함께 전화를 끊는다. 다음 날 고개를 숙이고 집으로 들어가면 제사한 번이 넘어갔다. 이 일이 반복되면서 서서히 아버지와 어머니가 소극적으로 변하기 시작했다. 제사를 드리지 않아도 되니 참석만 하라고 하셨다. 잘됐다 싶어서, 정말 참석해서 부모님과 친척들이 절을 할 때 나는 하지 않고 눈을 감고 기도한다. "주여! 이들을 불쌍히 여겨 주옵소서."

이런 분위기 속에서, 내가 신학교에 가기로 결정한 것이다. 어떻게 해야 할까? 반대하실 것이 뻔한데. 며칠 동안 기도로 준비하고 부모님께 말씀드리기로 했다. 저녁에 큰 방으로 들어가서 드릴 말씀이 있다면서 무릎을 꿇었다. 그리고 말씀드렸다. "앞으로의 진로를 고민하다가 신학교에 가기로 결정했습니다. 주변 사람들의 권유도 있었지만, 충분히 고민하고 기도하면서 결정했습니다. 한 번 믿어 주십시오." 부모님은 흔쾌히 받아 주시고 허락하실 줄 알았다. 하지만, 그 반대였다. "절대로 안 된다." 예수를 믿는 가문도 아니고, 교회를 다니는 가정도 아니고, 더구나 제사를 모셔야 하는 상황에서 그럴 수는 없다는 것이었다. 너무나 단호한 부모님의 모습을 보고 계속 가면 크게 부딪힐 것 같아서 그날은 그냥 물러섰다. 하지만, 내가 포기할쏘냐! 나는 신학교 갈 준비를 했고, 뒤에서 자세히 소개하겠지만, 결국 신학교에 합격을 했다. 그런데 놀라운 것은 신학교에 합격하고 나니 더 이상 부모님의 반대는 없었다. 아마도 떨어졌으면 더 반대하기 쉬우셨고, 계속 반대하시려고 생각했는데, 막상 합격하고 나니 할 말씀이 없었던 것이었다. 더 이상 반대는 하지 않으셨고, 오히려 자랑스러워하셨다. 그리고 시간이 지나면서 든든한 지지자와 동역자가 되어 주셨다. 목사 안수를 받은 뒤에는 아들이 목사라는 사실을 일부러 드러내고 자랑하고 다니셨다. 부모님이 좋아하시니 나도 좋았다. 하나님 덕분이다. 하나님의 소견은 항상 옳으시다.

이제 어부는 물 건너갔다. 솔직히 말하면 신학교에 가기로 결정한 순간 어부가 되는 꿈은 더 이상 꿀 필요가 없었다. 어부와 신학교 사이에서 고민이나 갈등도 전혀 없었다. 좀 더 적나라하게 말하면, 고민하거나 갈등할 가치조차 없었다. 하나님의 원하시는 일을 선택했는데, 다른 것은 영향을 줄 수 없었다. 하나님 소견에 옳은 대로 선택했더니, 길도 열어 주시고, 반대하는 부모님의 마음도 바꾸어 주셨다. 내 소견은 조금의 고민도 없이 버려도 전혀 아깝지 않다. 내 소견은 바른 길이 아니기 때문이다.

제사가 추도식으로

제사에 대한 이야기로 돌아오면, 결국은 몇 년 뒤에 부모님 모두 예수님을 영접하셨다. 제사에 정성을 다하셨고, 제사 때문에 아들이 신학교에 가는 것을 반대하시던 분들이 반대를 멈추신 정도가 아니라 예수님을 믿고 영접하셨으니 이보다 더 큰 기적이 어디 있으랴! 이제는 아들을 지지하는 정도가 아니라 함께 하나님 나라를 향해 동행하게 되었고,

2022년 같은 해에 먼저 하나님 나라로 가셨다. 기적같이 예수님을 영접하셨지만, 친척 중 어른들이 많이 살아 계시다 보니 제사를 한번에 없애지는 못하셨다. 하지만 서서히 제사가 간소화되다가 마침내 제사가 없어지고 추도식으로 바뀌었다. 우리 가정에서 예배를 드리다니. 정말 놀라운 일이다. 할렐루야~~ 얼마나 감사한지.

가문으로 본다면 예수님을 믿은 조상이 거의 전무하다. 그런데 나의 자녀들이 우리 가문의 첫 유아 세례자가 되었고, 제사를 계승해야 하는 부모님이 예수님을 믿게 되면서 새로운 영적 흐름이 생겨났다. 예수님을 믿는 믿음이 자녀들로 시작해서 거꾸로 부모님께로 올라갔지만, 3대가 예수님을 믿는 새로운 영적 가문으로 거듭났다. 교회에 다니면서 늘 부러웠던 일이 가족들이 함께 예배당에 앉아서 예배하는 것이었는데, 이제 그 부러웠던 일이 내 일이 되었다. 이제 우리 가문은 계속해서 예수님을 잘 믿는 가문이 될 줄 확신한다.

36일 때문에

졸업이 다가오면서 신학교에 가기로 최종 결정을 하게 되었다. 그랬더니 그동안 얘기하고 권면하고 기도했던 주변 사람들이 더 좋아했다. 모 교회가 속한 교단이 통합 측이라 서울 광나루에 있는 장로회신학대학교에 진학할 계획을 세웠다. 그런데 원서를 작성하고 지원 서류를 준비하다가 예상치 못한 곳에서 막혀 버렸다. 지원 자격 중에 입학일 기준으로 세례를 받은 지 만 5년이 넘어야 한다는 항목이 있었다. 그런데, 교회에 늦게 가기도 했지만, 하필 당시 담임목사님이 세례를 받으려면 성경 1독을 해야 한다고 공포를 했다. 꼼짝없이 읽을 수밖에 없었다. 세

레를 받기 위해 성경을 열심히 1독을 했고, 결국 세례는 잘 받았다. 그런데 날짜 계산을 해 보니 만 5년에서 36일이 모자라는 것이 아닌가! 36일 때문에 1년 뒤에 학교에 가야 되는 것인가? 날짜를 조금 속여서 적을까? 이런저런 생각을 하다가 학교에 문의를 했다. 36일이 모자라는데 어떻게 되는 거죠? 36일 때문에 1년이라는 시간을 보내야 하나요? 한 번 봐주시면 안 되나요? 학교 측에서 답을 주었다. 조금도 망설이지 않고 말씀하시기를 "안 됩니다." 처음에는 서운한 마음이 들었지만, 그 이유를 듣고 나서 수긍했다. "이런 경우를 만들면 안 좋은 선례가 되어서 앞으로 계속 봐줘야 한다는 것"이 이유였다. 그냥 받아들였다. 학교에 대해 서운한 마음은 사라지고 정직하게 하려는 것이 오히려 학교에 대한 좋은 마음을 품게 했다. 그런 상황이 되자, 교회 담임목사님은 우선 지역에 있는 영남신학교 신대원에 진학해서 공부하다가 나중에 장로회신학대학교로 가라고 권면해 주셨다. 그래서 순종하기로 했다.

하지만 실패

영남 신대원에 가기 위해 원서도 작성하고 제출 서류를 잘 준비해서 접수를 마쳤다. 시험도 그런대로 치르고, 1박 2일로 진행하는 교수님들과의 면접도 잘 마쳤다. 결과만 기다리고 있었다. 주변 사람들은 당연히 합격할 것이라고 생각했고, 예비 장모님은 장학생으로 합격할 것이라고 기대하셨다. 드디어 합격자 발표가 나는 날, 두렵고 떨리는 마음 대신 주변의 강력한 기대에 나도 합격이라고 생각하고 학교로 갔다. 당시 합격자 발표는 운동장에 합판 받침대를 세우고 전지를 붙여서 전공별로 합격자 명단을 전부 게시할 때였다. 신학과를 찾아서 불꽃같은 눈으로 내 이름을 찾았다. 한번 쭉 살펴봤는데 내 이름이 보이지 않았다. 어찌된 일이지? 신학과인 것을 확인하고 다시 천천히 이름을 찾기 시작했다. 두 번이나 살펴보았지만, 합격자 명단에 내 이름 석 자는 없었다. 당시 아내와 사귈 때인데, 아내도 찾아보니 없다고 했다. 모두 합격할 것이라고 했고, 심지어 장학생으로 들어갈 것이라고 기대했는데, 보기 좋게 떨어졌다.

4

하나님의 놀라운 반전

합격자 명단을 살펴보면서 내 이름이 없다는 것을 두 번째 확인이 끝나는 바로 그 순간이었다. 음성이 들려왔다. 너무나 선명한 음성이었다. "네가 갈 학교는 여기가 아니다!" 옆에 있던 아내가 한 말도 아니었고, 주변에 모르는 사람이 내게 한 말도 아니었다. 더군다나 내가 나를 위로하기 위해서 여기가 아닌가 보네 다른 데 가지 뭐… 하는 소리도 절대 아니었다. 그 음성은 하나님께서 내 마음에 주신 음성이었다. 그 음성을 듣는 순간 불합격의 아픔과 실망은 온데간데없이 사라지고 기쁨이 충만했다. 그리고 확신했다. 하나님이 나를 향한 계획을 미리 알려 주신 것이구나. 그리고 참 귀한 것은 하나님의 음성을 듣는 것이 어떤 것인지 처음으로, 강력하게, 그것도 불합격하고 실패한 자리에서 듣고 알게 되었다는 사실이다. 무엇보다 나는 그 음성을 붙들고 마음이 너무나 평안했다. 그날 아내와 함께 두 번째로 나에게 영향을 주신 그 전도사님이 당시 사임하시고 안동에 가 계셨는데, 거기에 놀러 가서 신나게 놀았다. 불합격한 사람이 뭐가 그리 신나서 재미있게 놀았을까?

하나님의 음성은 이렇게 위대하다. 하나님의 약속은 불합격한 나를 춤추게 했다.

약속을 붙잡고

"네가 갈 학교는 여기가 아니다."라는 약속을 받았을 때, 나는 당연히 서울 광나루 장로회신학대학교라고 생각했다. 교단 직영신학교가 7개나 있는데, 왜 다른 학교도 아닌 광나루 장로회신학대학교를 생각했는지 모르지만, 하나님이 주신 마음이라고 확신한다.

약속을 붙잡고만 있으면 그 약속은 이루어질까? 하나님 약속만 믿고 내가 공부하지 않으면 어떻게 될까? 당연히 떨어진다. 하나님의 약속은 보증이 아니라 초청이다. 하나님은 약속을 당연히 이루시겠지만, 내가 아무것도 하지 않고 놀기만 해도 그냥 이루어지는 보증이 아니라, 그것을 주고 싶다는 하나님의 거룩한 초청이고, 그 초청에 응하는 방법은 하나뿐이다. 바로 믿음이다. 약속하신 하나님을 믿는 믿음, 약속하신 것은 반드시 이루신다는 믿음, 약속이 이루어질 것이라는 믿음만이 초청에 응할 수 있다. 약속과 실체 사이에는 간격이 있다. 곧바로 이루어지는 경우도 있지만, 대부분은 시간적인 간격이 있다. 이 간격을 채우고 이겨 내는 방법은 믿음뿐이다. 하나님이 주신 약속을 믿음으로 붙잡고 실체가 나타날 때까지의 간격을 사모하는 마음을 가지고 인내하며 기다림으로 견뎌 내야 한다. 그리고 내가 해야 할 일은 내가 해야 한다.

하나님이 다른 학교를 약속하셨지만, 공부는 내가 해야 한다. 가고자 하는 학교에 들어갈 수 있도록 공부하고 또 공부해야 한다. 약속하신 하나님이 내 공부를 해 주시지는 않는다. 약속은 하나님의 몫이고, 공부는 내 몫이다. 1년 동안 영남신학교에 다니고 있던 교회 누나 덕분에 도서관에 가서 공부도 할 수 있었고, 교수님께 말씀드려서 히브리어와 헬라어 수업도 청강할 수 있었다. 그렇게 1년이라는 시간을 대부분 혼자서 공부했다. 공부하는 방법도 잘 몰랐지만, 일단 성경 시험이 중요하니까 열심히 공부하고 암송했다. 내 나름대로의 방식으로 1년 정도의 공부 시간을 최선을 다해 준비했다.

뜻하지 않는 도움의 손길

시험이 다가왔을 때, 지금은 미국에서 목회하고 있는, 그 당시 장로회신학대학교에 먼저 들어간 1살 많은 형님이 연락이 왔다. 학교에 입학해도 점수에 따라 성경 종합시험을 봐야 하고 합격해야 진급이 가능한데, 동기가 그 시험을 준비하면서 스터디 그룹을 만들었다는 것이었다. 그 스터디 그룹에 먼저 들어온 사람이 총 4명인데, 모두 신대원을 준비하는 사람들이었다. 혹시 같이 공부할 마음이 있으면 서울에 미리 올라오라고 했다. 1년 동안 혼자 공부했는데, 내가 공부한 것을 점검도 하고, 마무리도 할 겸 서울로 올라갔고 형님의 소개로 그 스터디 그룹에 들어갈 수 있었다. 나까지 들어가서 스터디 그룹이 총 5명이 되었는데, 1명만 3번째 도전이고 4명은 나까지 포함해서 모두 초시였다. 함께 공부하면서 느낀 것은 1년 동안 공부를 엉뚱하게 하지 않았고, 오히려 시골에서 갑자기 올라온 촌놈이 성경을 줄줄 암송하니까 다들 놀라는 눈치였다. 함께 공부할 때는 동지지만, 어쨌든 경쟁자니까 칭찬은 하면서도 속은 다른 마음이 있었던 것이 아닐까 싶다. 하지만, 함께 공부한 시간은 서로에게 많은 도움이 되는 유익한 시간이었다.

1개월 정도 함께 공부하는 동안, 신대원 입시에도 도움이 되었고, 훗날 합격하면 같이 학교에 다닐 사람들과 함께 식사하며 교제할 수 있어 좋았다. 그러나 여자가 3명이나 있어서 좀 불편했다. 이후 입학시험 날짜가 다가오면서 서로 '시험 잘 보라고' 격려하며 모임은 중단되었다. 시험 치는 날이 되었다. 그 당시에는 영어가 큰 비중을 차지했다. 영어에서 너무 점수 차이가 많이 나기 때문에 성경에서 좀 실수해도 영어만 잘 봐도 충분히 합격할 수 있는 상황이었다. 그러나 영어가 부족한 나로서는 성경에 집중할 수밖에 없었다. 성경에서 무조건 하나라도 더 맞혀야 한다는 각오로 한 문제 한 문제 신중하게 풀어 나갔다. 그런데 의외로 성경은 쉽게 나왔다. 그래서 구약과 신약 모두 좋은 점수를 받았고, 입학해서 성경 종합시험을 다시 치르지 않아도 되었다. 어렵게 생각했던 영어 시험은 예상외로 쉽게 출제되어 너무나 감사한 마음으로 시험을 마쳤다. 시험이 끝나고 도서관에 내려가니 서로 가채점을 하고 있었다. 나는 옆에서 듣기만 하고는 짐을 싸서 고향으로 내려왔다.

이 기쁜 소식을

당시 고향 교회 청년들은 '찬미 예수'라는 찬양팀이 이끄는 집회가 대구에서 있었는데, 매주 화요일 대구까지 가서 집회에 참여했다. 화요일이 되면 누가 말하지 않아도 정해진 시간에 교회에 모였고, 직접 봉고차를 운전해서 집회에 참석했다. 대구까지 가는 길이 1시간 남짓 되고, 집회는 1시간 30분에서 2시간 정도 되었고, 집회를 마치고 집으로 돌아오면 밤이었다. 그래도 피곤한 줄 모르고 그냥 즐겁고 기쁜 마음으로 참석했다. 그날도 집회에 참석하기 위해 봉고차로 이동하고 있었다. 스터디 그룹을 소개해 준 형님 친구이자 먼저 장로회신학대학교에 들어가서 공부하고 있었던 고향교회 형님으로부터 전화가 왔다. 합격자 발표가 났는데, 내 이름이 있다는 소식이었다. 그런데 혹시 동명이인이 있을 수도 있으니 수험번호를 알려 달라고 했다. 수험번호를 알려 주고 기다렸다. 모두가 두근거리는 마음으로 기다리고 있었다. 그때, 수화기로부터 형님의 감격스러운 소리가 들려왔다. "정환아, 축하한다, 합격이다." 우와! 할렐루야~~ 차 안에 있던 청년들은 모두가 자기 일인 것처럼 기뻐하고 축하해 주었다. 약속에 신실하신 하나님을 찬양한다.

한 곳의 실패는 다른 곳의 성공

정신을 차리고 생각해 본다. 지방 신학교를 무시하는 것은 아니지만, 지방 신학교를 떨어진 사람이 장로회신학대학교에 합격했어? 당시 장로회신학대학교에 들어가려면 평균 3.5수를 해야 했다. 심지어 서울권 대학을 졸업한 사람들도 들어가기 힘든 형편이었다. 스터디 그룹에서 공부한 5명 중 3번째 도전하신 분을 제외하고 처음 도전한 4명은 모두 합격했다. 후에 알고 보니, 내가 들어간 기수에 서울대 출신들이 제일 많았다. 나는 지방 대학을 나오고, 지방 신학교에 떨어진 사람이다. 그런데 평균 3.5수를 해야 들어갈 수 있는 학교에 1번에 들어갔다니! 하나님이 하셨다는 말 외에 달리 설명할 길이 없다. "네가 갈 학교는 여기가 아니야."라는 음성은 분명 하나님의 음성이 맞았고, 하나님은 그 약속을 신실하게 지키셨다. 주변 사람들의 도움으로 끝까지 시험을 잘 준비하게 해 주셔서 이런 은혜를 입게 하셨다. 내가 나 된 것은 오직 주의 은혜라!

행 16장에 보면, 바울의 2차 전도여행에 대한 이야기가 나온다. 바울이 아시아에서 복음을 전하려고 했을 때, 성령이 그를 두 번씩이나 막으셨다. 바울은 고민이 되었을 것이다. 주신 사명을 따라 복음을 전하는데, 사명을 주신 분이 막으셨으니, 그것도 두 번씩이나. 복음을 전하라는 것인가? 전하지 말라는 것인가? 하지만 하나님은 다른 길을 예비하고 계셨다. 유럽이었다. 드로아에 내려가 기도하던 중에 마게도냐인의 환상을 보게 되었고 바울은 하나님의 인도하심을 확신하면서 에게해를 건너 마게도냐로 갔다. 바울의 소견은 지도상으로 서쪽으로 한 지역씩 차곡차곡 복음을 전하려고 생각했지만, 하나님의 소견은 아시아를 넘어 유럽으로 시선을 돌리고 계셨다. 아시아를 막으신 것은 복음 전하는 것을 막으신 것이 아니라 지역을 옮기시기 위한 계획이었다. 복음은 사명이니까 전하되, 아시아가 아니라 유럽에서 전하는 것이 하나님의 소견이었다. 바울보다 더 큰 계획을 가지고 계셨다.

내가 원하는 곳을 막으셨을 때 우리는 어떻게 반응하는가? 왜 막으시냐고 하면서 원망하고 낙심하지 않는가? 그런데 이제는 달리 생각해 보자. 서문에서 소개했듯이, 내 소견에 옳다고 생각하는 것이 정말 옳은가? 내가 원하는 곳이 정말 가장 좋은 곳인가? 내가 가려고 하는 길이 정말 가장 좋은 길인가? 하나님 소견에 옳은 것이 정말 옳은 것이듯이, 하나님이 원하시는 곳이 가장 좋은 곳이고, 하나님이 여시는 길이 가장 좋은 길이 아닐까? 이것을 믿는 것이 참믿음이다. 내가 원하는 대로 된다는 것을 믿는 것보다 내가 원하는 것과 다르다고 하더라도 하나님이 주시는 것을 아멘으로 받는 것이 참 믿음이다. 아시아를 막아야 유럽으로 갈 수 있다. 유럽으로 이끄시려면 아시아를 막을 수밖에 없다.

하나님 소견은 언제나 옳으시다

나는 영남 신대원을 가기를 원했다. 담임목사님의 권유도 있었지만, 나도 거기에 마음을 정하여 움직였다. 그러나 하나님의 길은 다른 곳에 있었다. 내 소견에 옳은 길은 막혔지만, 하나님 소견에 옳은 길은 열려 있었다. 한 곳이 막히면 끝난 것이 아니라 다른 길이 있다. 정확히 이렇게 표현하고 싶다. 내 길을 막아야 하나님의 길로 갈 수 있다. 영남 신대원을 막아야 장로회신학대학교에 갈 수 있다. 내가 내 소견에 옳은 대로 영남 신대원을 고집했더라면 들어갈 수는 있겠지만, 결정적으로 하나님 소견에 옳은 길은 아니다. 이 학교의 불합격은 다른 학교의 합격이다. 영남 신대원을 막아 주신 것이 얼마나 다행이고 감사한 일인지 모르겠다. 내 소견에 옳은 길을 막아 주시고, 하나님 소견에 옳은 길로 인도해 주신 하나님을 찬양한다. 할렐루야~

하나님이 보내 주신 학교

서울 송파구 방이동에 있는 교회에서 사역할 때가 있었다. 거기에서 차를 타고 학교에 가려면 천호대교를 지나야 한다. 천호대교에 진입해서 1/3정도 넘어가면 오른쪽 2시 방향에 장로회신학대학교 네온사인 간판이 보인다. 그 간판이 보이는 순간 내 가슴이 뛰기 시작한다. 눈물로 감격한다. 그리고 속으로 외친다. "하나님이 보내 주신 학교" 천호대교를 넘어서 학교에 다니는 동안 단 한 번도 학교 이름을 보면서 감격하지 않은 날이 없었다. 나 같은 인간이 뭐라고 이런 은혜를 입어도 되는가 싶어서 볼 때마다 감격하고 기뻐한다. 지하철로 등교할 때는 역에서 내려서 학교까지 10분 정도 걸어가야 하는데 그 길을 걷는 것도 행복했다. 건물도 새롭고 나무도 아름답다. 학교 교문을 지나 경사진 길을 올라가는 것도 힘들지 않다. 계단으로 가는 길을 뛰어 올라간다. 학교라는 공간에 있는 것 자체에 감격한다. 미스바 광장이라는 곳이 있는데 밟기만 해도 그렇게 기분이 좋을 수가 없다. 그 광장에 있는 채플실도 너무 보기 좋고, 공부하는 강의실도 갈수록 내 삶의 자리에 중요한 한 부분이라는 사실이 믿기지 않을 정도로 좋다. 매일 있는 채플도 왜 그리 좋은지. 학교 교수님이나 현장에서 목회하시는 선배 목사님들이 오셔서 말씀을 전하시는데 다양한 메시지를 들으면서 얼마나 감사하고 행복한지 말로 다 할 수 없다. 아무것도 볼 것 없는 내가, 그런대로 뛰어난 사람들이 오는 학교에 같이 발붙이고 다니고 있다는 사실이 그저 놀라울 뿐이다.

또 하나의 모델

하나님이 보내 주신 학교라고 생각하니 학교생활을 대충할 수 없었다. 지방에서 왔으니 기숙사에 살았고, 새벽 예배는 물론 화요일부터 금요일까지 매일 있는 채플도 빠지지 않고 열심히 참여했다. 빡빡한 수업 일정에 예배는 쉼과 안식의 시간이었고, 무엇보다 학교 교수님이나 교회에서 목회하는 선배 목사님들의 다양한 설교를 들으면서 은혜받는 시간이었다.

구약학 개론 수업을 들으면서 가르치시는 교수님께 푹 빠져서 매 학기 구약 원전 강독을 수강했고, 기회가 잘 오지 않는 아람어도 들을 수 있었다. 구약학 개론을 가르치신 교수님은 박동현 교수님이신데, 서울대 출신으로서 내 개인적인 관점에서는 거의 천재적인 두뇌를 가진 분이다. 그런데 교수님의 강의를 들으면서 수업 내용도 너무 배울 것이 많았지만, 그분이 하시는 말씀과 학생들을 대하시는 모습에 목회가 무엇인지를 배우는 기회가 되었다.

교수님은 수업 준비를 너무나 열심히 하신다. 수업을 듣는 모든 학생의 예상 질문까지 거의 다 파악하셔서 수업을 진행하신다. 미리 준비해 오신 수업 자료를 보면 감탄만 나올 정도다. 거의 완벽에 가까울 정도로 철저하시다. 그런데 꼭 하시는 말씀이 있다. "제가 보지 못한 부분이 분명히 있을 것인데, 언제든지 말해 주세요." 이렇게 겸손하실 수가 있을까? 어떤 교수님은 자기가 보지 못한 것을 얘기하라는 말씀도 안 하시지만, 보지 못한 것을 질문하면 별로 표정이 안 좋아지시는 분들도 있다. 교수님을 통해 겸손을 배웠다. 그리고, 또 한 가지 감탄할 만한 것이 있다. 교수님은 안쪽 주머니에 작은 수첩이 하나 있다. 그 수첩에는 사람의 이름이 가득 적혀 있다. 누구를 저렇게 많이도 적어 놓으셨을까 궁금했는데, 교수님이 어느 날 알려 주셨다. 자기 수업을 듣는 학생들의 이름을 다 적어 놓았다는 것이었다. 전공 필수 1과목만 해도 수백 명인데, 학부 4학년과 신대원 3학년, 대학원과 박사 과정, 거기다가 선택 과목까지 하면 그 숫자가 장난이 아닌데 그 학생들의 이름을 다 적어 놓으셨다. 중요한 것은 적어 놓은 이유일 텐데, 이것이 감동이다. 적어서 들고 다니시는 이유가 이름을 부르면서 기도하시기 위함이다. 개인의 상세한 기도 제목은 모르시겠지만, 그 이름을 날마다 한 번씩 부르며 기도하신단다. 이름만 불러도 시간이 제법 많이 걸릴 것 같은데, 그렇지 않아도 수업뿐 아니라 다른 일도 많으신데, 학생들 이름을 부르며 기도하실 시간을 일부러 내시는 것을 알게 되었다. 교수님의 이런 모습을 통해 교수로서 학문을 가르치는 것도 하시지만, 목회를 하고 계신다는 생각이 들었다. 내가 목회할 교인들의 이름을 날마다 부르며 기도하는 것이 진정한 목자이리라. 도전을 받고, 교사들에게 권면도 해 보고, 실제로 해 보기도 했지만, 역시 쉬운 일은 아니었다.

1

사역지를 정하는 일

먼저 가정을 이루다

하나님 소견에 옳은 대로, 인도하심과 도우심을 따라 장로회신학대학교에 진학했다. 당시 신학생들은 학부에서 신학을 전공했든, 일반대학을 나왔든 신대원 1학년 때 대부분 교육전도사 사역을 나가는 분위기였다. 그런데 나는 나름대로, 일반대학을 나와서 신학을 처음 접했기에 사역을 너무 서두르지는 말아야겠다는 생각이 있었다. 그리고 더 중요한 나름의 기준은 결혼하고 사역을 나가는 것이었다. 선배들이 총각이 사역을 나가면 사역보다 연애에 빠진다고 걱정하는 부분도 있었지만, 결혼해서 안정된 가정을 이루고 난 뒤에 사역을 나가는 것이 낫겠다고 생각한 부분이 더 컸다. 왜 그랬는지는 아직도 모르겠지만, 30세가 되면 결혼한다는 마음이 있었고, 주변 사람들에게 마치 확정된 것처럼 말하고 다녔다. 1998년도 신학교에 입학했는데, 돌아보면 철없는 생각이었지만, 교회에 맡은 일이 많아서 마무리를 잘하고 가야겠다는 마음에 곧바로 휴학했고, 실제로는 1999년도에 1학년으로 신학교에 다니기 시작했다. 1학년은 의무적으로 기숙사에서 생활해야 해서 1년간 기숙사에 머물면서 거의 매주 시골로 내려갔다. 교회가 너무나 좋았던 나는 몸은 신학교에 가 있지만 마음은 아직도 교회에 남아 있었다. 이스라엘 백성들이 몸은 광야에 나와서 출애굽했지만, 마음은 여전히 출애굽하지 못하고 애굽에 남아 있었던 것과 같은 모습이었다. 2000년도는 30세가 되던 해였다. 그런데 정말 믿기지 않은 일인데, 입버릇처럼 말한 대로 정말 30세가 되던 해, 그것도 1월에 결혼하게 되었다. 학생 신분이었기 때문에 방학을 이용해서 결혼할 수밖에 없었다. 너무나 추운 날씨였지만, 내가 처음 나갔던 교회에서 결혼식을 올렸다. 부부가 처음 하나님께 드리는 예배를 내가 예수님을 만난 교회에서 드리게 되었다는 자체가 감격이고 감사였다. 하나님은 크신 은혜와 수많은 교인의 축복 속에 결혼식을 잘 마쳤다. 아내는 먼저 교회에 다니고 있었고 청년 시절을 같이 보냈으며 사무 간사로도 사역했고 지금 나와 한집에서 살고 있다. 내가 그 유명한 "교회 오빠"다.

기쁨도 잠시

1월에 결혼했는데 허니문 베이비가 생겼다. 하나님이 주신 귀한 선물이었다. 양가 부모님은 너무나 기뻐하셨다. 얼마 되지 않아 아들이라는 것을 알았을 때는 이전보다 더 기뻐하셨다. 내가 종갓집 종손이라는 점을 생각한다면 아버지 입장에서는 귀한 손주가 아닐 수가 없었다. 그런데 심각한 고민이 생겼다. 결혼식을 앞두고 아내가 긴장을 많이 했는지 얼굴 피부가 나빠져서 피부약을 처방받아서 사용하고 있었다. 피부약은 독해서 잠복기가 1개월 정도 된다는 말을 들었는데, 날짜를 계산해보니 임신한 날짜가 1개월 잠복기 안에 포함된 것을 알게 되었다. 피부약을 사용하는 가운데 임신이 되면 기형아가 될 가능성이 90% 이상이라는 정보도 알게 되었다.

하나님이 주신 선물을 두고 고민이 생겼다. 낳을 것인가? 기형아가 태어나면 우리는 어떻게 할 것인가? 아내와 같이 기도했다. 서로 기도하고 난 뒤에 받은 응답을 나눠 보기로 했다. 일정 기간 기도한 뒤 마주 앉았다. 기도하는 가운데 하나님이 주신 마음을 나누었는데, 결론은 기형아가 되더라도 낳자는 것이었다. 하나님이 주신 선물인데 우리가 마음대로 그 생명을 건드리는 것은 안 된다는 생각에 일치했다. 하나님 소견에 옳은 대로 하기로 하고, 우리도 하나님 소견에 우리의 소견을 맞추었다.

2

첫 번째 사역지

목자가 없어?

신학교에 입학한다고 목회자의 길이 그냥 열리는 것이 아니다. 장신대 나왔다고 사역지가 탄탄대로로 열리는 것도 아니다. 사역지를 옮길 때마다 내 소견이 아니라 하나님 소견에 옳은 대로 가야 한다. 하나님 뜻하신 사역지에 가야 첫 단추를 잘 끼우는 것이다. 거기에서 훈련받고 배우고 자라야 할 부분이 있는 것이고, 하나님이 책임지시는 사역을 할 수 있다.

신대원 2학년 시작하면서 결혼했고, 곧바로 아내가 임신했다. 결혼한 뒤 사역을 나가기로 했었기 때문에 사역지를 어떻게 할까를 고민하고 있었다. 당시 이미 1학년 때 사역을 나갔던 학우들이 대부분이었고, 2학년은 단기선교를 가거나 다른 정해진 계획이 있는 학우들을 제외하면 260명 중 5명만 사역하지 않고 학업에 집중했다. 그 5명 중에 내가 있었다.

어떤 수업을 듣다가 쉬는 시간인데, 어느 전도사님이 나를 찾아왔다. 사역하고 있는지 묻길래, 아직 하지 않고 있고 할 마음은 있다고 대답했다. 그랬더니 교회를 소개해 주었다. 그 교회는 자기가 현재 사역하고 있는 교회인데, 신대원 2학년만 청빙해서 3학년 졸업하면서 사역지를 옮기는 구조로 되어서 사역을 나가지 않는 신대원 2학년인 나를 찾아온 것이다. 상황을 들어보니, 그때가 5월인데, 신대원 2학년만 뽑는 교회여서 교역자가 없이 4개월이 지나가고 있다는 것이었다. 듣는 순간에, "양들이 목자가 없어?" "양이 제일 위험한 것이 목자가 없는 것인데?" 이 생각이 들면서 조금도 주저하지 않고 가겠다고 대답했다. 그래서 처음으로 사역한 교회가 영등포에 있는 영은교회다. 2000년 5월 첫주부터 유년부(초등학교 1~2학년)를 맡아서 사역을 시작했다. 부장 권사님과 교사들이 너무나 따뜻하게 맞아주었고, 아이들도 얼마나 이쁜지 청년 시절에 교사했던 추억을 떠올리며 열심히 사역했다.

첫 설교 하고 놀란 사실

청년 교사와 교육전도사가 다른 점은 교사와 아이들을 앞에 두고 설교해야 한다는 것이다. 토요일에 설교 준비를 열심히 했다. 그림과는 거리가 먼 사람이 이런저런 색칠도 하면서 시청각 자료까지 준비했다. 첫날 사역을 마치고 집에 돌아와서 하루를 돌아보다가 놀라운 사실, 은혜로운 사실을 발견했다. 설교 시간에 하나도 떨지 않았다는 것이다. 부담이 된다거나 두려워서 떠는 모습은 전혀 없었다는 사실이다. 이 생각이 들면서 처음 교회에 갔던 때가 떠올랐다. 그때 내가 어떤 놈이었는데. 여자들이 많아서 얼굴 벌겋게 한 채 고개도 들지 못하고 예배하고 분반 공부했던 내가 아닌가! 웃음이 나기도 했지만, 그랬던 내가 교사와 아이들 앞에서 설교하고 있다는 사실, 그것도 얼굴이 벌겋게 되거나 쑥스러워하지도 않고 당당하게 말씀을 전했다는 사실에 나 자신이 대견하기도 하고, 무엇보다 하나님께 감사하지 않을 수 없었다. 나를 이렇게 바꾸어 놓으셨다니! 하나님 소견에 옳은 대로 나를 새롭게 빚어 가시는 하나님의 세밀하고 부드러운 손길에 두 손을 들어 찬양한다.

좋으신 하나님

결혼과 아울러 시작된 사역은 너무나 재미있었고 교회에 가는 것이 즐거웠다. 학교에서 교회까지는 지하철로 거의 1시간 정도 되었지만, 지하철을 갈아타지 않고 한번에 가는 것도 감사했고, 멀다는 생각이 들지 않을 만큼 신나게 사역했다. 시간이 흘러 출산할 날이 다가오고 있었다. 배가 점점 불러오던 아내는 지하철이 한 번에 가기는 했지만, 5호선이 너무 깊기도 해서 조금은 힘들어 했다. 나는 유년부 때문에 먼저 교회에 가고, 아내는 장년부 예배에 맞춰서 혼자 움직였다. 힘든 몸을 이끌고 예배에 부지런히 참석했다.

첫 아이는 어떻게 되었을까? 임신 기간 동안 정기 검진도 하고, 기도하면서 출산일을 기다렸다. 오랜 진통 끝에 드디어 내 아들이 태어났다. 조마조마한 마음으로 기다리고 있는데, 의사 선생님이 오셔서 결과를 알려 주셨다. "아버님, 아무 이상도 없이 너무나 건강하게 태어났습니다. 축하드립니다." 세상에 이런 복음(?)이 있을까! 눈물로 감격하며 하나님 감사합니다, 할렐루야를 외쳤다. 생명을 주시고 생명을 주관하시는 하나님께 모든 영광을 올려드렸다. 하나님이 주신 생명을 귀하게 여겨 사람이 가질 수 있는 소견을 버리고 하나님 소견에 옳은 대로 맞춰 순종했더니 큰 기쁨으로 갚아 주셨다. 너무나 좋으신 하나님이다.

만일 그때 엉뚱한 생각을 했다면 어떻게 되었을까? 일어나지도 않은 일을 마치 일어난 것처럼 생각하면서 인간적인 방법대로 처리했다면 지금의 우리 아들은 없는 것이 아닌가? 생각만 해도 끔찍하다. 체험적으로 깨닫는 것은 아무리 상황을 판단하고 이리저리 저울질해도 내가 옳다고 생각하는 내 소견이 결코 옳지 않고, 하나님 소견에 옳은 대로 하는 것이 무조건 정답이라는 사실이다. 하나님이 주신 생명은 하나님이 책임지신다는 것도 배운다. 정말 하나님은 항상 옳으시고 선하신 좋으신 아버지이시다.

3

영은교회 → 에덴교회

사역지를 옮기다

영은교회가 나름대로 정한 교육전도사 사역 기간에 따라, 신대원 3학년을 마치면서 영은교회 유년부 사역도 내려놓게 되었다. 다음 사역지는 어디로 가야 할까? 첫 사역을 내가 지원해서 간 것이 아니라, 나를 먼저 찾아온 전도사님 덕분에 하게 된 것이다. 문제는 또 같은 방법으로 누군가 나를 찾아올 일은 없었다. 이제 교육전도사 첫 사역을 마친 나를 누가 데려갈 것인가? 이런 생각에 어떻게 해야 할지를 몰랐다.

그러다가 영은교회에서 같이 사역하면서 교제했던 전임전도사님이 송파구 방이동에 있는 에덴교회로 옮긴다는 애기를 들었다. 같이 사역하면서 지켜본 바로는 그분은 하나님 마음을 품고 거기에 순종하려고 몸부림치는 모습, 반대하는 사람이 있어도 꿋꿋하게 밀고 나가는 배짱(?)이 있었는데, 그것이 나에게 늘 도전이 되었다. 같이 사역하고 싶었지만, 다른 교회로 옮긴다고 하니 조금 서운했다. 혹시나 하는 마음에 가시는 교회에서 교육전도사나 사역자를 구하면 소개해 달라는 말씀을 드렸다. 얼마 뒤에, 교육전도사 자리가 있는데 오겠냐고 연락이 왔고 나는 영은교회 사역을 마치고 에덴교회로 이동했다. 영은교회를 떠나면서 속으로 했던 말이 있다. "이렇게 좋은 교회에 부목사가 되어 다시 사역하면 좋겠다." 간절한 기도도 아니었고, 지나가는 말처럼 마음에 일어났던 생각이었다.

두 번째 사역지는 에덴교회였고, 맡은 부서는 청소년부였다. 아파트 내에 있는 상가 교회였지만, 유치부도 있고, 청소년부도 많이 모이는 편이었으며, 청년들도 활기차고, 어른들이 대략 200명 정도 모였다. 청소년부 교사가 부족해서 담당 교역자이면서 고3 학생반을 맡았다. 참 묘한 일이다. 내가 처음 나간 교회에서 예배하고 분반 공부한 것이 고3 때가 아니었던가. 나와는 전혀 다른 활기찬 아이들의 모습, 환하게 맞아 주는 고3 아이들이 그렇게 이쁠 수가 없었다. 반을 맡다 보니 다른 청소년부 아이들보다 더 친밀해졌다. 1년이 지나고, 나를 소개해 주었던 전도사님은 다른 교회로 옮기시고, 내가 청년부까지 맡아서 준전임으로 사역하게 되었다. 고3 아이들이 청년부로 같이 올라오면서 관계는 더욱 깊어졌고, 이 아이들이 숫자도 많았지만, 재능들이 많고 열정적이어서 청년부에서 새바람을 불러일으켰다. 금요기도회를 쉬고 있었는데, 청년들의 요청으로 금요기도회를 만들어 청년 중심으로 모이다가 전 교인이 참여하는 것으로 발전했다. 기도회, 수련회 등 청년들과 함께하면 시간 가는 줄 몰랐다. 분위기가 좋아지고 모이기에 힘쓰고 영적으로도 풍성한 시간을 보내고 있었다.

나를 정신 차리게 해 준 말씀

함께 사역하면서, 말이 통하는 부서 장로님이 계셔서 큰 힘이 되었다. 무슨 일을 하고자 하면 적극적으로 지지해 주셨고, 실제로 도와주셨다. 어느 날 장로님이 나에게 너무나 소중한 말씀을 해 주셨다. "전도사님, 모든 사람이 쓰러져도 전도사님만 서 계신다면 따라가겠습니다." 그때는 준전임도 아니고 교육전도사였는데, 교육전도사가 뭐라고 이런 말씀을 하실까? 놀라기도 했고 고맙기도 했다. 그런데 그 말씀의 배경에는 교회의 아픔이 있었다. 목회자들의 여러 가지 모습으로 인해 상처를 받았던 것이다. 목회자는 무슨 일이 있으면 이동하면 그만이지만, 그 피해는 고스란히 성도들의 몫이다. 상처를 받고 떠나는 성도도 있고, 너무 힘들어서 교회에 나오지 않고 쉬고 있는 사람도 있었다. 아무리 힘들어도 떠나지 않고 요동하지 않고 교회를 지켜 오신 장로님의 말씀에 가슴이 찡했다.

그런데, 시간이 갈수록 이 말씀이 얼마나 무서운 말씀(?)이었는지 알게 되었다. 힘들다고 앉아 있을 수가 없고, 사역이 많다고 투덜거릴 수도 없었다. 듣기에는 굉장히 좋고 칭찬 같기도 한데, 생각할수록 나를 움직이게 하고 게으르지 못하게 하는 채찍과 같은 말씀이었다. 정말 혼신의 힘을 다해 사역했다. 내가 쓰러지면 아이들도 쓰러질 테니까. 나는 지금도 이 말씀을 잊을 수가 없다. 이 말씀은 그 당시뿐 아니라 지금도 나를 일어나게 만들고 달리게 만들고 힘을 다하게 만든다.

에덴교회 → 다시 영은교회

다음 사역지로 인도하는 말씀들

에덴교회에서 준전임과 전임전도사 사역을 하다가 2005년에 목사 안수를 받았다. 대개는 목사 안수를 받으면 다른 교회로 이동하는 경우가 많았다. 이것이 정해진 것은 아니지만, 불문율처럼 행하는 것이었다. 그런데 나는 하나님의 방법을 연습하고 싶었다. 안수받았다고 꼭 사역지를 옮겨야 하는 것도 아니고, 담임목사님이 그런 뜻을 비추는 것도 아니었다. 하나님이 마음 주시는 곳이 있다면 지원하겠다고 생각하면서 다음 사역지를 위해서 기도를 시작했다.

어떤 계기였는지 정확히 기억은 나지 않지만, 사역지를 두고 기도할 때 접하게 된 몇 개의 말씀이 있다. 먼저, 창 24장인데, 아브라함의 종이 이삭의 아내를 찾으러 가는 내용이다. 아브라함의 종은 하나님께 기도로 시작한다. "하나님, 은혜를 베푸셔서 순조롭게 만나게 하옵소서." 그리고 구체적으로 기도한다. "우물에 가서 내가 물을 달라고 했을 때, 나에게 물을 줄 뿐 아니라 말하지 않았는데도 짐승까지 챙기는 여자라면 하나님이 주신 여자로 알겠습니다." 그 기도가 마치기도 전에 리브가가 우물에 나타났다. 물을 달라고 요청했더니 아브라함의 종이 기도한 대로 종도 챙기고 짐승도 먹이는 것이었다. 결국 리브가의 집에 가서 일어난 상황을 얘기하고 리브가를 데리고 가나안으로 돌아온다.

아브라함의 종은 응답의 시나리오를 가지고 구체적으로 기도했다. 중요한 사실은 아브라함의 종은 욕심이 없었다. 외모나 집안을 본 것이 아니라 사람의 됨됨이, 인격, 성품을 보았다. 그러면서 생각했다. 사역지를 정하고 옮기는 일에 욕심을 버려야 되겠구나.

또 접하게 된 말씀은 왕하 5장에 나오는 나아만 장군 이야기다. 나아만 장군은 아람의 2인자였지만 치명적으로 나병이 있었다. 아람이 이스라엘과 전쟁할 때 잡아 온 계집아이가 있었는데, 나아만 집에서 시중들고 있었다. 주인이 나병으로 힘들어하는 것을 본 여종은 이스라엘에 있는 엘리사를 소개한다. 나아만은 아람 왕의 편지를 가지고 이스라엘 왕을 거쳐 엘리사가 있는 곳으로 왔다. 나아만도 기도 응답의 시나리오를 가지고 왔다. 엘리사가 직접 나와서, 나병이 있는 환부에 손을 얹고, 여호와의 이름을 부르면서 치유하는 것이었다. 그런데, 엘리사는 나오지도 않고 종을 보내며, 환부에 손을 얹어 기도하기는커녕, 요단강에 가서 7번 몸을 씻으라는 이상한 처방전을 전달했다. 나아만이 화가 났다. 이유는 기도 응답의 시나리오와 맞는 것이 하나도 없었기 때문이다. 자기 소견과 하나님이 엘리사를 통해 주신 소견이 달랐기 때문이다. 분명히 나병을 고치는 처방전을 받았음에도 자기가 생각한 방법과 다르다는 이유로 화를 내며 돌아갔다. 다행히 가다가 신하들의 말을 듣고는 요단강에 가서 치유를 받게 된다.

나아만 이야기를 읽으면서, 나아만은 아람 왕의 편지를 가지고 왔고 군사까지 대동하고 와서 자기를 과시했고, 하나님의 방법을 존중하기보다는 자신의 방법과 다르다는 이유로 하나님의 소견이 틀렸다고 분노했다. 그러면서 생각했다. 사역지를 정하고 옮기는 일에 나를 과시하거나 내 방법대로 하지 않아야 하겠구나.

마지막으로 듣게 된 말씀이 있는데, 장경동 목사님의 설교다. 어느 교회에 담임목사를 뽑는데, 20명이 지원했다고 가정할 때, 담임목사가 된 1명을 제외하고 나머지 19명은 회개해야 한다는 말씀이었다. 들으면서 속으로 "왜요?" 목사님의 설명을 들으니 맞는 말이었다. 하나님이 20명에게 동시에 한 교회에 담임목사로 가라고 마음을 주실 리가 없다는 것이다. 담임목사 자리는 하나인데, 하나님이 1명을 보내시지, 20명을 보내실 수는 없다는 것이었다. 하나님 소견과 상관없이 자기 소견에 옳은 대로 원서를 냈다는 것이다. 옳으신 말씀이었다. 당시 이력서를 작성해 놓고 클릭 몇 번으로 여러 교회에 지원해서 되면 하나님의 뜻, 안 돼도 하나님의 뜻이라고 말하고, 몇 군데가 되면 선택해야 하는 행복한 고민(?)을 하게 된다는 얘기가 교역자들 세계에서는 파다했다. 그런 상황에서 목회자들이 사역지를 옮길 때 하나님께 여쭙고 하나님이 보내시는 곳으로 가야 한다는 취지의 말씀이었다. 백번 공감했다.

그럼에도 불구하고

창 24장, 왕하 5장, 그리고 장경동 목사님 설교까지 하나님은 다음 사역지를 고민하는 내게 다양하지만 한결같은 말씀으로 길을 밝혀 주고 계셨다. 그럼에도 불구하고 나는 이력서를 내기 시작했다. 내 소견을 따라 손가락 운동(이력서를 보내기 위한 클릭)을 잠시 하면서 눈에 들어오는 교회에 이력서를 냈다. 강북○○교회, 부천○○교회, 지금 사역하는 에덴교회보다는 10배 이상 큰 교회들이었다. 지금보다 좀 더 큰 교회에서 더 많은 것을 배우고 싶은 선한 마음도 있겠지만, 큰 교회에서 사역하고 싶은 욕망이 내 안에서 꿈틀거리고 있었다. 내 욕망이 하나님이 인도하시는 길을 거역하고 있었던 것이다. 둘 중 한 곳은 될 것이라는 기대를 은근히 가졌지만, 결과는 뻔했다. 둘 다 안 됐다. 하나님의 말씀을 따라가지 아니하고 내 소견에 옳은 대로 쫓아간 당연한 결과였다. 그런데 얼마 지나지 않아 내가 지원했던 두 교회는 심각한 문제가 발생해서 엄청난 몸살을 겪었다. 두 교회에는 미안한 말이지만, 개인적으로는 은혜(?)였다. 이 일을 통해 하나님이 주신 말씀이 없어서가 아니라 있어도 불순종하는 나의 죄성을 다시 한번 확인했고, 하나님 소견에 옳은 길을 알았음에도 그 길을 부인하고 내 소견에 옳은 대로 결정하는 것은 실패할 수밖에 없다는 너무나 귀한 교훈을 얻게 되었다.

말도 안 되는 방법에 도전!

내 소견에 옳은 대로 하는 일이 실패하자, 하나님의 방법대로 하기로 생각을 바꿨다. 정말 말도 안 되는 방법을 생각했다. 보통은 이력서를 내고 오라고 하면 가는데, 거꾸로 해 보자는 마음이 들었다. 내 이력서는 볼 것이 없다. 교육전도사, 준전임전도사, 전임전도사, 그리고 이제 목사 안수 받았으니 뭐 볼 것이 있겠는가? 하지만, 볼품없는 이력서이기에 말도 안 되는 방법으로 해야 하나님이 하셨다고 말할 수밖에 없을 테니까 연습해 보기로 했다. 그래서 교회에서 먼저 연락이 와 이력서를 내라고 하는 곳에 이력서를 내고 가기로 했다. 이력서를 제출해 놓고 결과를 기다리는 것에 비하면 훨씬 어렵고 좁은 길을 가는 것이다. 그래도 내 소견대로 했다가 실패했으니 하나님 소견대로 하자고 하면서 기도하며 기다렸다.

이것이 되네

그런데 몇 개월이 지난 뒤, 첫 사역지였던 영은교회 담임목사님으로부터 연락이 왔다. 이력서를 내 보라는 것이었다. 할렐루야~ 정말 하나님을 믿고 기도한 대로 일이 진행되고 있었다. 이력서를 냈고, 얼마 뒤 교육부 담당 목사로 부임하라는 연락을 받았다. 흔히 선보러 간다고 말하는데, 나는 이미 결정되었기에 선을 보는 것은 아니었지만, 설교하러 갔다. 담임목사님을 뵙고 감사하다는 인사를 드린 뒤, 어떻게 된 것인지 사연을 여쭈었다. 담임목사님은 내가 영은교회에서 교육전도사를 할 때 부목사로 사역하셨는데, 내가 에덴교회로 옮긴 뒤 담임목사로 다른 교회에 가셨다가 영은교회 목사님이 은퇴하시면서 새로운 담임목사를 청빙할 때 교인들의 많은 지지를 받고 담임으로 부임하셨다. 내가 사역지를 구하고 있다는 말씀을 들으시고 나를 부르셨다는 것이었다. 순간 영은교회를 떠나면서 속으로 했던 말, 가슴으로 품기만 했던 말이 떠오르면서 하나님께 감사했다. "이렇게 좋은 교회에 부목사가 되어 다시 사역하면 좋겠다." 기도한 것도 아니고 그냥 생각만 했는데, 지나가는 말이었지만 이 순수한 마음의 소원을 하나님이 들으시고 이루어 주신 것이다.

우리 가운데 역사하시는 능력대로 우리가 구하거나 생각하는 모든 것에 더 넘치도록 능히 하실 이에게 교회 안에서와 그리스도 예수 안에서 영광이 대대로 영원무궁하기를 원하노라 아멘. (엡 3:20~21)

재미있는 부서를 떠나 청년부로 가라

영은교회에 교육부 전담 목사로 부임했지만, 교육부뿐 아니라 교구 사역도 하고, 청년부도 1년 동안 맡아 사역하기도 했다. 교육부에서의 사역도 재미가 있었고, 선생님과 아이들을 만나다가 교구 사역을 하면서 장년들을 만나는 일도 또 다른 보람이 있었다. 서서히 담임 목회를 준비해야 하는 입장에서는 교육부보다 교구 사역을 하는 것이 더 필요하다고 생각했다. 그래서 교구 사역을 열심히 하고 있었다.

그런데 2010년 영은교회가 50주년을 맞이하는 해였는데, 2009년도 말에 갑자기 담임 목사님이 청년부를 맡아 달라고 하셨다. 한참 교구 사역도 재미가 있고 담임 목회를 준비하는 과정에서는 딱 좋았는데, 갑자기 청년부에 가라고 하시니 마음이 너무 힘들고 불편했다. 개인적으로 청년 시절에 예수님을 만났고, 청년 시절에 신앙생활을 가장 뜨겁게 했고, 그래서 청년 시기가 얼마나 중요한지 잘 알고 있다. 나도 청년들을 좋아한다. 그런데 청년부를 맡는 것은, 교구 사역에 너무 심취해 있어서 그런지 마음이 움직이지 않았다. 더군다나, 2009년도 말에 교구 사역을 열심히 하리라는 마음을 가지고 처음으로 새 차를 구입했다. 교구 사역이 주로 심방이다 보니 심방 대원들을 안전하게 모시기 위해서 할부로 구입했다. 그런데 청년부로 가라고 하시는 것이 아닌가!

　부목사가 담임목사님의 방침에 순종해야 하지만, 마음이 너무 힘들어서 담임목사님께 따지러(?) 갔다. "목사님의 말씀에 순종해야 하지만, 정말 죄송한데, 마음이 힘들어서 여쭙습니다. 왜 제가 청년부에 가야 합니까?" 목사님은 구체적으로 확실하게 말씀하지 못하시고, 청년부를 잘 맡아 달라는 부탁만 하셨다. 할 수 없이 알겠다고 말씀드리고 그 자리를 나왔다. 나중에야 알게 된 사실이지만, 어느 분의 간절한 요청이 있었다. 이정환 목사가 청년부를 맡아야 하는 이유를 몇 가지 담임목사님께 말씀드렸고, 담임목사님은 심사숙고한 뒤에 결정을 내리신 것이었다. 사연을 알고 난 뒤에, 결국은 청년부로 갔지만, 순순히 담임목사님께 순종하지 못한 사실에 너무나 죄송했다.

하나님이 예비하신 은혜

　슬픈 마음을 뒤로 하고 청년부로 이동했다. 청년부는 본당이 아니라 소예배실에서 예배했고, 처음 서는 강대상이라 그런지 몇 주간은 어색했다. 청년들은 새로운 담당 목사가 왔으니 기대하는 마음으로 가득했다. 오후 1시 30분에 청년부 예배를 하다 보니 장년 중에도 청년부에 예배하러 오는 분들이 상당히 있었다. 설교는 잘 못 해도, 설교하는 것을 좋아하는 나는 장년들과 다른 단어와 표현으로 설교했고, 청년들은 그런대로 만족해하는 것 같았다. 그때까지 청년부는 큰 고민과 기도 제목이 있었는데, 청년부가 200명이 넘는 것이었다. 숫자가 절대적인 것은 아니지만, 장년이 2,000명이 넘는 상황에서 청년부가 200명이 안 된다는 것은 담임목사님은 물론 청년부 담당 목사, 그리고 교인들까지 걱정이고 부담이었다. 그런데, 2010년 청년부를 맡은 1월부터 200명이 넘기 시작했다. 모두가 놀랐다. 무엇보다 출석 인원을 체크하는 예배부 담당자들이 깜짝 놀라서 달려와서 묻고 직접 확인할 정도였다. 억지로, 갑자기 맡게 된 청년부였지만, 200명을 넘은 것은 하나님의 큰 은혜였다.

선배 목사님을 흉내 내다

내가 청년부를 맡기 전에, 앞서 청년부를 담당했던 목사님이 인도 단기선교를 청년들과 함께 다녀왔다. 다녀오면서 숙제를 하나 가지고 돌아왔는데, 인도에 교회가 필요하다는 것이었다. 당시 860만 원 정도면 예배당 하나를 지을 수 있다고 했다. 이 정도 금액이면 교회 차원에서 해결하면 쉽게 가능한 일이었다. 하지만, 교회 차원에서 하는 것보다는 청년부에서 하면 좋겠다는 생각이 들었다. 이 생각을 가지게 만든 계기가 있다.

영은교회 근처, 목동에 2,000명 정도 모이는 큰 교회가 하나 있었다. 당시 내가 존경하는 김동호 목사님이 설교 목사로 1년 섬기실 때였다. 목사님의 설교를 듣는데, 북한 이야기를 하셨다. 시장에 쌀이 없어서 주민이 어려움을 겪고 있다는 것이었다. 부자들이 쌀을 사재기하면서 쌀값이 폭등해서 일반 주민이 쌀밥을 먹을 수가 없다는 안타까운 사연이었다. 그래서 김동호 목사님은 미국 캘리포니아 쌀을 3억 원어치 구해서 북한 시장에 공급하면 저렴한 가격에 제공하는 쌀을 일반 주민이 얻을 수 있게 되고, 그렇게 되면 부자들이 자기가 확보한 쌀값이 떨어지니까 시장에 풀어놓을 것이라는 생각을 하게 되었다. 그래서 북한에 쌀을 공급하기 위한 3억 원을 모금한다는 것이 설교의 내용이었다. 목동에 있는 교회에서 모금한 액수가 1억이 조금 넘었다고 했다. 그런데 높은 뜻 교회가 분립 된 후, 어느 한 교회에서 북한 이야기를 하고 모금을 했는데 거기서도 목동에 있는 교회 못지않게 모아졌다. 목동은 부유한 동네이고 2,000명이나 되었는데, 거기도 많이 낸 것이지만, 청년들이 모이는 교회에서 비슷한 금액을 냈다는 사실에 놀랐다. 청년들이 어떻게 이렇게 많은 금액을 헌신했는지 궁금했는데, 어느 청년이 결혼 자금으로 모아둔 1억을 헌금했다는 것을 들으면서 깜짝 놀라기도 했고 감동도 되었고 도전도 되었다.

이 설교를 듣자마자, 인도에 교회 짓는 일을 청년부에서 자체적으로 감당하기로 결정하고 청년들에게 설교하면서 도전했다. "860만 원을 너희들이 내라." 통장을 개설하고 계좌번호를 공지하고 1개월 동안 모으기로 했다. 모아서 인도로 보내고, 예배당을 다 짓고 나면, 여름에 단기선교를 가려고 생각했다. 설교한 뒤 1주일간 내가 가장 마음이 가 있었던 것은 통장 잔액이었다. 청년들이 얼마나 낼까? 1개월이면 다 모을 수 있을까? 200명이면 적어도 1명이 4만 원은 내야 하는데, 부담이 되지 않을까? 이런저런 생각들을 하면서 통장 잔액을 확인하는 재미(?)로 하루하루를 보내고 있었다. 적어도 1개월은 걸릴 것이라고 생각했는데, 놀랍게도, 5일 만에 860만 원이 넘게 모아졌다. 할렐루야~ 다음 주일에 한 주 동안 어떤 마음으로 지냈고, 모아진 금액을 발표하면서 모두가 흥분하고 소리를 지르고 감사했다. 십시일반으로 참여했고, 더러는 청년치고는 큰 금액을 한 청년도 있었다. 중요한 일에 쓰려고 모아둔 돈을 기꺼이 내는 청년도 있었고, 지금 통장에 있는 전액을 보낸 청년도 있었다. 건축헌금은 청년들의 자발적인 헌신으로 계속 모아졌다. 실제로 공사가 시작되었고, 그 과정에 물가가 오르면서 실제 공사비는

   내 소견에 옳은 것이 과연 옳은가

1,400만 원 정도로 늘어났다. 하지만, 청년들의 헌신으로 충분히 감당할 수 있었다. 예배당 공사가 다 끝나고 여름에 단기선교를 떠났다. 가서 새로 지은 예배당에서 감사 예배를 드리는데, 교인들은 물론 마을 사람들, 그리고 무엇보다 그 마을의 동장 같은 지도자가 오셨는데, 이분은 기독교인이 아니었다. 그런데도 예배에 참석했고, 예배당을 지어 주셔서 감사하다는 인사도 해 주셨다. 예배 후에는 마을 사람들과 함께 음식을 나누며 너무나 기쁘고 행복한 시간을 보냈다. 선배 목사님의 설교를 듣고 규모는 작지만 흉내 내려고 한 것뿐인데, 다행히 청년들이 말씀에 반응하면서 최선을 다해 헌신했고, 그 결과를 함께 보고 누리면서 하나님께 영광을 돌렸다. 하나님의 일을 하는 재미가 너무 좋았다.

이 재미는 계속되었다

2010년도에 북한에 분유 보내는 일이 많았다. 아이들이 분유를 먹지 못해서 영양실조에 걸리고 생명에 위험을 느끼고 실제로 사망하는 경우도 엄청 많았다. 국내 큰 교회나 단체들이 분유 보내는 일에 열심을 내고 있는 소식을 접했다. 반면에 분유를 보내도 정작 아이들이 먹는 것은 지극히 일부에 불과하고 북한에 들어가는 과정에서 군인들이나 다른 사람들이 가로챈다는 소문이 돌면서 분유 보내는 것을 망설이거나 아예 포기하는 경우도 적지 않았다. 하지만, 나는 생각이 달랐다. "지금 38선을 넘어가서 아이들에게 분유를 직접 떠먹여 줄 수도 없고 데리고 나올 수도 없다. 그러나 통일이 될 때까지 아이들이 살아 있게는 해야 한다. 통일이 되기 전에 아이들이 분유를 먹지 못해서 죽었다면 얼마나 가슴 아픈 일이겠는가? 아이들이 분유를 단 한 숟가락만이라도 먹을 수 있다면 1통을 보내야 한다. 그리고 중간에 빼먹는 사람이 군인이든 누구든 그들도 살려야 할 불쌍한 북한 주민이라"고 생각했다.

인도에 교회를 지었던 재미를 한 번 더 누려 보고 싶은 마음이 솔솔 올라왔다. 그래서 청년들에게 설교했다. "북한 아이들이 분유가 없어서 어려움을 겪고 있다. 우리는 분유를 먹지 않아도 충분히 살 수 있다. 아이들에게 분유와 빵을 보내는 일을 우리도 해 보자." 하나님이 지혜를 주셔서 교회학교 아이들에게로 확대되었고, 교회학교 아이들에게도 도전했다. "너희와 같은 북한 아이들이 분유를 먹지 못하고 있다. 우리 중에 분유를 먹지 못해 영양실조에 걸리거나 생명이 위태로운 아이는 없다. 너희들이 먹을 것을 아껴서 북한 아이들에게 보내 주면 그들을 살릴 수 있다." 그래서 교회학교에는 저금통을 나눠주고 일정한 기간 모아서 북한 아이들을 살려 보자고 했다. 청년들도 헌신하고, 아이들도 동전을 열심히 모아 주었고, 이 일을 알게 된 어른들도 동참했다. 저금통을 회수할 날이 되어서 저금통을 가지고 오라고 했더니 엄청난 저금통이 모였다. 동전을 세는 일을 어떻게 할까 고민했다. 은행에 갖다주면 쉽게 처리할 수 있는 일이었다. 하지만, 은행 직원들이 번거로워한다는 얘기도 들은 적이 있었다. 그래서 내린 결론은 시간이 얼마나 걸리든지 저금통을 뜯고 동전을 같은 것끼리 분류하기로 했다. 나는 단순노동을 좋아한다. 손에 돈 때를 묻혀 가면서 하는 일이 얼마나 재밌고 즐거운지, 더구나 학생들과 교사들, 마음 있는 청년들이 함께 모여서 이 일을 하는데 보는 그 자체가 감동이었다. 정말 열심히 분류작업을 했는데, 몇 시간이 훌쩍 지나갔다. 그런데 저금통은 아직 절반도 뜯지 못했다. 시간이 생각보다 많이 걸렸다. 하지만, 즐겁게 이 일들을 했고, 다 마치고 나서 확인한 결과 1,800만 원이었다. 기아 대책과 연계해서 담임목사님을 직접 모시고 중국에 가서 빵을 만드는 공장도 방문해서 직접 만드는 체험도 하고 북한에 필요한 도움을 전달하고 왔다. 하나님께 참 감사했고, 흉내만 조금 낸 것뿐인데, 교회학교 아이들과 청년들이 헌신하면서 하나님의 일을 하는 재미가 더욱 커갔다.

노숙자도 책임져라

영은교회 청년부는, 정확하게 언제인지는 모르지만, 오랫동안 영등포 노숙자 사역을 하고 있었다. 금요기도회를 마치고 청년부실에 모여서 이런저런 준비물을 챙겨서 밤 11시에 영등포역으로 향한다. 영등포역에는 밤이 되면 노숙자들이 모여 와서 박스나 신문지를 깔고 잠을 자거나 혼자서 술을 마시는 사람, 심지어 한 가족이 함께 노숙하는 경우도 있다. 노숙자들은 100명이 훌쩍 넘었는데, 청년들이 매주 찾아가서 간단한 음식을 나누고, 미리 부탁받은 약품을 준비하기도 하고, 필요한 옷가지를 챙겨가서 나눠 드린다. 드리기만 하고 오다가, 정말 그들에게 필요한 것은 말 상대가 없다는 것을 알게 되어서 청년들이 1-2명씩 짝을 지어 노숙자를 만난다. 노숙자 앞 바닥에 엉덩이를 깔고 털썩 주저앉아서 30분 정도 그들의 말을 들어 준다. 필요한 것을 묻기도 하지만, 저들이 살아온 삶의 여정과 형편을 들어 주는 것이 전부다. 딱히 인생의 정답을 주거나 신속한 해결책을 주는 것은 아니지만, 들어 주는 것만으로도 고마워한다. 아무도 거들떠보지도 않고 무시하는 자신들을 존중해 주고 이야기를 들어 주니 고마운 것이다. 청년들도 노숙자들을 대하면서 같이 살아가는 이 나라에 이런 분들이 있다는 것을 직접 경험하면서 많은 생각과 깨달음을 얻게 되었다.

청년부가 노숙자를 섬기는 일에 재정이 1년에 1,000만 원 정도 들어간다. 매주 간단한 음식, 약품 등을 준비해야 하기 때문이다. 그런데 내가 청년부를 맡은 2010년도에는 교회에서 예산을 절반인 500만 원만 세워 줬다. 50주년 희년 사업을 하느라 예산 조정을 했기 때문이다. 예산이 절반으로 줄었다면 매주 나가던 봉사를 2주에 한 번 격주로 나갈 비용밖에 되지 않았다. 매주 나가던 사역이었고, 노숙자들도 금요일 밤 11시가 되면 영은교회 청년들이 온다는 것을 알고 있는데, 난감한 일이 아닐 수 없었다.

방법은 하나뿐이다. 청년들에게 솔직한 상황을 얘기했고, 청년부가 감당하자고 했다. 좋게 말하면 도전이고, 나쁘게 말하면 돈을 뜯어내는 것이다. 이미 인도에 교회 짓는 일과 북한에 분유 보내는 일에 지금까지 해 보지 않은 꽤 큰 헌신을 한 상태여서 조금 고민은 되었지만, 그래도 도전했다. "매주 봉사하는 것은 귀한 일이지만, 교회에서 주는 예산으로 하는 것은 시간만 내면 되는 일이다. 올해는 예산을 절반만 준다고 하니 나머지 절반은 너희들이 내라. 너희들이 돈도 내고 봉사도 해야 온전한 섬김이고 헌신이다." 청년들이 무슨 돈이 있다고 담당 목사가 이렇게 하는지 설교하고 도전하면서도 참 미안했다. 하지만, 하나님의 일을 온몸으로 헌신해서 영광 돌리는 재미를 놓칠 수 없었다. 어떻게 되었을까?

당연히 그 비용은 다 준비되었다. 청년들이 너무 고마웠다. 이제 분위기를 보니 하나님의 일을 하는 맛을 알아 가는 것 같았다. 자신들이 헌신한 그 일이 잘 이루어지니까 보람도 있고 열매도 있으니 당연한 일이었다. 2010년도 한 해 동안 청년들이 헌신한 것은 수천만 원에 이른다. 참 보람되고 기쁘고 감사한 일들이었다. 교구에서 갑자기 청년부로 가라고 하신 담임 목사님이 원망스럽기도 했지만, 청년부 사역에는 내가 생각지도 못했던 은혜가 넘치고 있었다. 하나님이 기뻐하시는 일을 선택하고, 그 선택의 근거를 말씀에 두고, 말씀에 순종함으로 하나님의 일을 하며, 그 일을 이루어 하나님께 영광 돌리는 과정을 똑똑히 경험했다. 2011년도에는 다시 교구로 돌아왔다. 영은교회에서 다른 사역지로 옮기기까지 5년 7개월 동안 교육부와 교구와 청년부 사역을 감당했는데, 가장 재미있고 즐거웠던 사역, 기억에 남는 사역이 무엇이냐고 누가 물으면, 나는 조금도 망설이지 않고 대답한다. 청년부! 청년부는 고작 1년이고, 교육부와 교구 사역을 한 기간이 더 길지만, 나는 가장 재미있고 신나는 사역은 청년부였다고 고백한다. 그렇게 가기 싫었던 청년부였는데, 가장 기억에 남고 보람된 사역이 청년부였다니 나도 참 간사하기 그지없다. 하지만, 하나님이 예비하신 특별한 은혜였다.

5

예상치 못한 사역지로

괜찮은 나의 소견

목사 안수를 받은 뒤 부목사로 사역하는 기간이 늘어나고 나이가 들어가면서 담임 목회에 대한 고민이 되기 시작했다. 그러면서 영은교회, 에덴교회, 다시 영은교회로 오면서 교회 경험이 적은 상황에서 담임으로 가기 전에 부목사로서 한 번 더 사역했으면 하는 마음이 있었다. 내가 정한 기준의 1순위는 담임목사님을 통해 말씀의 은혜를 받을 수 있는 곳이었다. 매일, 매주 담임목사님을 통해 은혜를 받는다면 얼마나 행복할 것인가! 그렇지 않다면 인터넷을 헤매고 다녀야 하니까 그것이 싫었다. 이것이 1순위였고, 2순위는 담임목사가 되면 무슨 일이든지 선택과 결정을 해야 하니까 부목사지만 이것을 좀 배울 수 있는 교회에 가기를 원했다. 2가지 기준을 가지고 찾아보니 눈에 들어오는 교회가 있었는데, 바로 영락교회였다. 2가지 기준이 다 충족이 되는 것은 아니지만, 그래도 선택과 결정은 확실히 배울 수 있겠다고 생각했다. 당시 영락교회 부목사는 2,000명 정도 되는 1개 교구를 3년 담당하고, 교구를 옮겨서 3년 더 담당하다가 7년째는 임지를 옮기는 구조로 되어 있었다. 2,000명이면 대형 교회인 셈인데, 출생부터 장례까지 대부분을 교구 담당 목사가 선택하고 결정하고 시행하는 상황에서 담임 목회를 기도하고 준비하는 나에게는 상당한 매력이 있는 곳이었다. 영은교회와 영락교회는 두 교회를 목회하셨던 목사님들도 계셔서 좋은 관계에 있기도 했고, 영은교회 출신이면서 먼저 영락교회에서 사역하고 있는 부목사님도 있어서 충분히 갈 수 있을 것으로 생각하고 마치 된 것처럼 마음이 들떠 있었다.

갑작스러운 편지 한 통

그런데, 좀처럼 부목사 자리가 나지 않았다. 영락교회 부목사님들은 빨리빨리 사역지를 찾아서 나가시지 뭐하고 있는지 모르겠다고 하면서 혼자 투덜거리기도 했다. 그런데, 날짜도 잊어버리지 않는데, 2012년 5월 5일 수요일 저녁 예배 시간이었다. 여느 때처럼 본당 로비에서 하루 종일 일터에서 일하고 피곤하고 지친 몸으로 예배하러 오시는 성도들을 맞이하고 있었다. 당시 내가 맡은 담당 교구 구역장 권사님이자, 여전도회 협의회장으로 섬기던 권사님이 오시길래 반갑게 인사했다. 그런데 나에게 다가오더니 가방에서 갑자기 편지 한 장을 내밀었다. 전라남도 순천에 있는 교회에서 담임목사를 구하는 중인데, 교회 상황을 대략적으로 알려 주면서 거기에 적합한 목사를 추천받고 있었다. 그런데 그 편지를 권사님이 읽는데 내가 생각났다는 것이다. 그래서 원서 접수가 5월 8일인데, 이력서를 내보는 것이 어떻겠느냐고 물어보셨다. 갑자기 전라남도 순천이라니? 그것도 원서 접수 3일을 남겨 두고? 무엇보다 내가 생각하고 있는 곳은 서울 영락교회인데….

내 소견은 물거품이 되는 건가?

영락교회에 가려고 생각하고 있는 상황에서 권사님이 주신 편지 한 통이 무슨 뜻일까? 더군다나 편지 내용으로 봐서는 교회에 큰 어려움이 있었고, 그것을 잘 수습하여 새롭게 출발하려는 간절함이 묻어 있는데, 교회 경험도 별로 없고, 나이도 이제 만 41세인데, 어찌 나 같은 사람을 추천하실까? 하지만, 원서 접수가 3일밖에 남지 않아서 서류를 준비해서 보내려면 빠듯한 시간이었고, 많은 생각과 고민을 할 여유가 별로 없었다. 권사님이 편지를 읽는데 내가 생각났다고 하고, 이런 자리를 아무에게나 추천하는 것도 아니고, 함께 섬기는 교구와 여전도회 협의회 회장님의 권유니까 일단 내자는 쪽으로 마음이 움직였다. 무엇보다 내가 가려는 영락교회는 전혀 자리가 나지 않는 상황이어서 부랴부랴 서류를 준비해서 접수했다. 홈페이지를 찾아서 살펴보니 지방에 있는 교회치고는 예배당이 상당히 컸고, 앞뒤로 주차장이 잘 준비된 교회였다.

원서를 제출해 놓고 설마 내가 되는 일은 절대 없겠지 생각했다. 어떻게 되어 가는지 알아볼 길도 없었지만, 맡은 사역이 많아서 그냥 사역에 매진하고 있었다. 그러던 중에, 교회에서 연락이 왔다. 원서를 내신 분 중 1차로 10명까지 압축했는데 거기에 내가 포함되었다는 내용이었다. 보내 준 동영상 설교를 들었지만, 그래도 직접 교회에 와서 설교하는 것을 들어 보고 간단한 면접도 하겠다는 얘기였다. 가능한 날짜를 말씀드렸고, 그날에 10명의 청빙위원이 교회를 방문해서 직접 예배 드리면서 설교를 들었고, 마친 뒤 면접까지 진행했다. 나중에 알고 보니 내가 10명 중 마지막 10번째 순서였다.

    내 소견에 옳은 것이 과연 옳은가

설마가 점점

　10명을 찾아가서 직접 설교를 듣고 면접까지 마친 뒤, 청빙 위원들의 역할은 여기서 3명으로 압축하는 것이었다. 나는 솔직히 10명에 들어간 것만도 신기하고 감사할 뿐이었다. 나 같은 사람이 어찌…. 시간이 얼마 지난 뒤, 다시 교회에서 연락이 왔다. 내가 3명에 포함되었다는 얘기였다. 어찌 이런 일이…. 그런데 청빙 위원이 말하기를 후보 3명이 한 사람씩 그 교회에 와서 월요일 저녁부터 수요일 저녁까지 부흥회를 한다는 것이다. 새벽 2번까지 포함해서 총 5번의 설교를 하는 셈이다. 나는 부흥회를 하는 것만도 영광이고, 수많은 담임목사님이 평생 부흥회를 단 한 번도 인도하지 못하시는 경우도 많은데, 내가 비록 강사는 아니지만 부흥회만 해도 만족한다고 생각했다. 그러면서 욕심일지 모르지만, 매도 먼저 맞는 편이 낫다고 1번으로 하면 좋겠다고 생각했다. 그런데 내 순서는 2번째였다.

　나중에 들은 얘기지만, 이미 제출한 서류와 동영상 설교를 본 성도들은 마음의 결정을 내리고 있었고, 전체적인 분위기가 한 분에게 맞춰져 있었다고 한다. 특별한 일이 없는 한 그분이 결정된 것이나 다름없었다. 그래서 순서를 1번, 2번, 3번으로 하지 않고, 3번, 2번, 1번으로 정해 놓았다. 이미 1번으로 결정을 했고, 결정한 1번을 마지막에 초청해서 수요일 마지막 부흥회를 마친 뒤 그 자리에서 공동의회를 열어 결의하려고 만반의 준비를 마친 상태였다. 별일이 없는 한 1번으로 내정된 분이 담임으로 결정된 것이나 다름없었다. 그런데 제일 먼저 부흥회를 하기로 했던 3번 목사님은 개인 사정상 못 오게 되었다는 연락을 받았다. 그러면서 2번인 내가 1번으로 하게 되었다. 매도 먼저 맞는 것이 낫다고 1번으로 했으면 좋겠다고 생각했는데, 그 말조차 하나님은 흘려듣지 않으시고 완벽하게 들어 주셨다. 참 신기한 일이 아닐 수 없다.

더 놀라운 것은 교인들이 이미 결정해 놓은 판이 부흥회를 하면서 뒤집혔다. 7월에 부흥회를 하고, 8월에 창립 주일이 있어서 미리 와서 설교하고, 9월에 순천동부교회 담임목사로 부임했다. 나중에 들어 보니, 총 27명의 신학 교수와 쟁쟁한 담임 목회자들이 지원했다고 한다. 그런데 어찌 나 같은 부목사가, 그것도 조무래기에 불과한 내가 되었을까? 교회가 힘든 일을 겪었고 어려움에 처했다면 상당한 목회 연륜이 있거나 싸매고 치유해 본 경험이 있는 노련한 목사님이 와서 수습하고 교회를 새롭게 해야 할 것 같은데 아무런 연륜도 없고 경험도 부족한 내가 왔으니 하나님의 계획과 섭리라고 밖에는 설명할 길이 없다.

내가 영락교회에 간다는 소견은 나쁜 것도 아니었고, 나름 담임목사를 준비하는 차원에서는 괜찮은 소견이었는데 내 소견대로 되지 않았다. 영남신학교를 막으시고 장로회신학대학교를 여신 하나님은 영락교회로 가려던 방향을 바꾸어서 전라남도 순천으로 오게 하셨다. 내 사전에 전라남도, 순천은 없었다. 아무 연고도 없는 이곳, 신학교 다닐 때 기숙사 룸메이트였던 동생 결혼식 때문에 딱 1번 순천에 온 것이 전부인 곳, 하나님은 나를 이곳으로 보내셨다.

하나님의 계획은 이미 끝났다

일을 행하시는 여호와, 그것을 만들며 성취하시는 여호와, 그의
이름을 여호와라 하는 이가 이와 같이 이르시도다. 너는 내게 부

하나님은 일을 계획하시고 그것을 실행하시는 분이시다. 그분이 예레미야에게 말씀하시기를 너는 부르짖어 기도해라, 그러면 내가 응답할 것인데, 네가 알지 못하는 크고 은밀한 일을 보여줄 것이라고 하신다. 2절이 없이 3절만 있다면, 예레미야가 부르짖으면 하나님이 크고 은밀한 일을 응답으로 보여 주시는 것처럼 읽힌다. 하지만, 2절을 굳이 적어 놓은 이유는 하나님은 즉흥적으로 일하시는 분도 아니고, 말씀하신 뒤에 일하시는 분이 아니라는 것을 보여 준다. 오히려 이미 하늘에서 계획이 끝났기 때문에 그것을 이제 가시적으로 드러내서 보여 주고 싶은 것이다. 크고 은밀한 일은 이미 하나님이 하시기로 결정하신 것인데, 황폐하게 된 예루살렘을 에덴동산처럼 회복시키시는 계획이다. 이것은 예레미야 입장에서는 상상도 할 수 없는 일이다. 아직 예루살렘이 완전히 망한 것도 아닌데, 다 망하고 난 뒤 70년이 지나야 일어날 일을 계획하는 것은 예레미야에게는 불가능한 일이다. 그런데 하나님은 이미 그렇게 하시기로 결정했고, 그것을 실행하기 위해 예레미야가 부르짖어 기도하는 것이 필요하다고 말씀하신다. 기도하면 이제 계획을 세워서 보여 주시는 것이 아니라 이미 결정이 끝났기 때문에 기도하면 보여 주시겠다는 것이다. 하나님은 기도하면 일하실 때도 있지만, 이미 결정이 끝났기 때문에, 하나님이 주실 것이 있기 때문에, 응답이 이미 있기 때문에 기도하게 하시는 경우도 많다.

계획에 따른 준비 작업

나는 영락교회에 갈 계획을 세우고 있었지만, 하나님은 이미 나를 순천으로 보낼 계획을 세우셨고 신실하게 차근차근 준비시키고 계셨다. 누구를? 바로 내 아내다. 지금은 권사님이 되셨지만, 당시 집사님 한 분이 아내에게 기도하러 가자고 제안했고, 아내를 데리고 1개월 동안 갈멜산 기도원에서 기도했다. 평상시에 기도를 많이 하시던 집사님은 조금도 이상한 일이거나 갑작스러운 일이 아니겠지만, 아내에게는 당황스러운 일이 아닐 수 없었다. 다른 부목사 사모들도 여럿 있는데, 왜 내 아내를, 왜 내 아내만 기도하러 가자고 하는 것인지? 갑자기 무슨 일일까 당황하면서도 기도하는 일은 좋은 일이니까 내심 기대하는 마음도 있었다. 기도원에서 매일 몇 차례 진행되는 집회에 거의 빠짐없이 참여했고, 그 외 시간에도 기도에 집중했다. 식사하는 시간 외에 하루 종일 찬양하는 일에 열심을 다했고, 강사 목사님들이 선포하는 말씀 앞에 머물러 있었고, 농땡이 부리지 않고 기도하는 자리를 지켰다. 얼마나 뜨겁게 찬양하며 집중했든지 손바닥이 갈라지고 피가 날 정도였다. 도대체 무슨 일일까? 왜 갑자기 이런 일이 벌어졌던 것일까?

당시에는 그 뜻을 몰랐지만, 담임목사로 순천에 가는 일이 진행되면서 서서히 깨닫게 된 것은 하나님께서 아내를 준비시키고 계셨던 것이었다. 나도 연고가 없지만, 그것은 아내도 마찬가지였다. 나는 목회를 하면서 사람도 만나고 사역하느라고 바쁘게 지내겠지만, 아내에게는 친구도 친척도 전혀 없는 너무 힘들고 외로운 시간이 기다리고 있었다. 하나님이 이것을 아시고 혹시 하나님 소견에 따라 순천으로 가는 것을 거부할까 봐 미리 아내의 마음을 하나님 뜻에 온전히 순종하도록 은혜

　　내 소견에 옳은 것이 과연 옳은가

로 채우고 계셨다. 당시 비록 아이들이 어렸지만, 가족들이 다 모인 자리에서 아이들의 동의도 받았다. 모두 동의했고, 우리 가족은 전혀 생각하지 못했던 순천으로 사역지를 옮기게 되었다. 하나님은 아내가 기도했을 때 순천으로 보낼 계획을 하신 것이 아니라, 이미 순천으로 보낼 계획을 세우시고 기도하는 집사님을 통해 아내를 기도의 자리로 이끄신 것이다. 권사님의 추천도 여기에 포함된다. 내 소견에 옳은 대로 되는 일이 없다. 그래서 슬프고 불행하지 않다. 오히려 얼마나 다행인지 모른다. 하나님 소견에 옳은 대로 되는 것이 백번 옳고 감사할 뿐이다. 할렐루야~

5부

하나님 소견에 옳은
목회를 꿈꾸며

1

담임 목회를 시작하다

순천동부교회의 현실을 마주하며

순천동부교회에 오기 전에 어떤 교회인지를 찾아보지 않았고 누구에게도 물어보지 않았다. 하나님이 보내시면 가야 하는 곳이니 물어볼 필요도 없었고, 가서 알아 가면 된다고 생각했다. 막상 내려와서 교회에 대한 수많은 이야기를 들었다. 교회 성도들을 통해서, 또 교회 외부의 사람들을 통해서. 한마디로 상처로 인해 아픔과 분노가 가득한 상태의 교회였다. 성도들의 얼굴에 웃음이라고는 찾아볼 수 없고, 모두 화가 잔뜩 난 어둡고 굳은 표정이었다. 예배 시간에도 나한테 화가 났는지 모두 무서운 표정을 하며 쳐다보고 있었다. 찬양하고 기도하고 설교해도 표정에는 변화가 없었다. 목회자의 실수로 받은 상처가 이렇게 깊다는 말인가! 교회가 나눠지고 새로운 목회자가 왔는데도 그 아픔은 사라지지 않고 얼굴과 말투와 삶에 고스란히 남아 있었다. 새로운 목회자도 사태를 수습하거나 교회를 새롭게 하지 못하고 2년 만에 다른 곳으로 가셨다. 아픔에 또 아픔을 겪은 것이다. 성도들이 하는 말이 "우리 기도가 도둑맞은 것 같아요." 새로운 목회자가 오셔서 교회의 아픔이 치유

되고 성도들이 밝고 기쁨으로 신앙 생활하기를 그렇게 기도했는데 2년을 넘기지 못했으니 그렇게 생각하는 것도 무리는 아니다. 교회를 위해 매일 철야 기도를 하신 분들이 상당수 있었는데, 그 기도를 하나님이 들으신 것이 아니라 누가 기도를 훔쳐 갔다고 여기는 것은 충분히 이해되었다. 이런 마음이 있다 보니, 내가 부임을 했는데도 마음 깊숙이 박힌 쓴 뿌리는 제거되지 않았고 거기에서 나오는 부정적인 열매들만 주렁주렁 늘어나고 있었다.

청빙 과정에서 들었던 마음이 다시 떠올랐다. "목회 연륜이 어느 정도 있거나, 분열한 교회를 싸맨 경험이 있는 노련한 목회자를 보내셔야 했던 것은 아닌가? 하나님은 왜 나 같은 사람을 이런 곳에 보내셨을까? 만 41세에 아무 경험도 없는 나를 선택하신 것은 잘못된 것이 아닌가? 27명 중에 다른 사람이 와야 했던 것이 아닐까? 하나님이 실수하신 것인가?" 오만가지 생각이 들었고, 이 물음은 한동안 지속되었다.

말씀 따라 3년

순천동부교회는 알파라는 프로그램을 하다가 상처를 받은 교회다. 프로그램 자체는 외국에서 들어올 때 나름 각색되어서 큰 문제는 없는 것 같은데, 그것을 진행하던 사람에게 문제가 생기다 보니, 프로그램도 문제가 있는 것처럼 여겨졌다. 프로그램을 진행하다가 다친 교회라면 나는 어떤 목회를 해야 할지 고민하지 않을 수 없었다. 담임목사가 무엇을 하겠다고 첫 카드를 내밀었는데 성도들이 받아들이지 못한다면 낭패가 아닐 수 없다. 그러면 다음 카드를 내밀기도 부담이 되는 것이 사실이다.

기도 중에 결론을 내렸다. 기본으로 돌아가자, 본질로 돌아가자. 프로그램을 하다가 다친 교회이기 때문에 프로그램을 하지 않겠다 다짐했다. 그래서 예배 시간에 공포를 했다. "우리 교회는 앞으로 3년 동안 예배, 말씀, 기도만 하겠습니다." 예배, 말씀, 기도는 신앙의 기본이자 본질 중의 본질이다. 이런 교회의 상황에서 목회자가 아무리 새롭고 기가 막힌 프로그램을 한다고 해도 어려움이 있을 것은 분명한 사실이다. 그래서 기본과 본질에 충실하면서 상처 입은 성도들의 마음 밭을 기경하는 것이 급선무라고 생각했다. 그래서 내가 먼저 말씀에 집중하기로 했다. 말씀이 먼저 나를 살려야 했고, 말씀으로 살아난 내가 그 말씀을 선포할 때 성도들이 살아날 것이라는 믿음이 있었다.

신학교 다닐 때 "예수 만나"라는 신대원 입시생들을 위해 성경을 가르쳐 주는 곳을 알게 되어서 한번 강의를 들어 보았는데, 상당히 나와 맞았고 도움이 되었다. 그것이 생각나서 전라도 쪽에도 강의하는 곳이 있는지 알아보니 전주에 지부가 있다는 것을 알게 되었다. 전주 지부에서 강의하시는 목사님의 연락처를 받아 통화를 했는데, 신대원 후배였고, 공부하러 가겠다고 바로 등록하고 공부를 시작했다. 목회자가 쉼을 가져야 하는 월요일, 나는 매주 월요일 아내를 남겨 두고 전주로 차를 몰았다. 처음에는 피곤해서 기차를 타고 다녔는데, 기차 시간을 맞추기가 쉽지 않아서, 힘들지만 직접 운전하면서 다녔다. 잠이 오면 휴게소에 차를 세워 두고 잠이 들었다. 1시 30분이면 여유 있게 올 거리를 2시간 혹은 그 이상이 걸려야 집에 도착했다. 아내의 눈치와 핍박(?)은 날이 갈수록 많아졌지만, 그래도 포기하지 않고 성경 공부에 집중했다. 오전 9시부터 오후 5시까지, 1년 52주 중에 여름 행사와 겨울 행사가 있는 2주를 제외하고 50주를 쉬지 않고 공부했다. 1년을 들어야 구약과 신약을 한 번 마칠 수 있는데, 교회에 장례가 있거나 특별한 일정이 아니고는 3년간 쉬지 않고 성경 공부에 우선순위를 두고 월요일마다 무조건 전주로 달려갔다. 그렇게 3번 정도 성경을 체계적으로 공부하고 나니 성경이 눈에 들어오기 시작했다. 구약과 신약을 연결하는 안목도 생겼다. 신기한 것은 성경의 어느 한 구절을 보면 관련된 성경 구절들이 마치 성경책 위로 10cm는 떠오르는 것이었다. 머릿속에 떠오르는 구절들을 연결하면 설교 한편이 그냥 만들어졌다. 설교에 예화를 거의 사용하지 않는 나로서는 너무나 귀한 물맷돌을 하나 가지게 된 것이나 다름없었다. 설교뿐 아니라 성경 공부를 할 때도 관련된 구절들이 생각나면서 신나게 가르치게 되었다. 때로는 너무 많이 생각나서 하나라도 더 가르쳐 주고 싶은데 시간이 부족해서 힘들 때도 많았다. 3년간의 말씀 공부는 나를 말씀의 사람으로 바꾸기에 충분했다. 이제 그것을 교회에서 풀어놓으면서 성도들도 말씀에 좀 더 관심을 가지게 되었고, 말씀이 본질이라는 것을 반복해서 강조하다 보니 성도들도 본질에 더욱 집중하기 시작했다. 그리고 예배, 말씀, 기도에만 단순하게 집중하자고 한 대로 정말 3년 동안 예배, 말씀, 기도만 다양한 방법으로 진행했다. 시간이 갈수록 성도들도 조금씩 호응하며 함께 가고 있었다.

하나님이 주신 메시지

교회에 부임한 지 6개월이 지났을 때였다. 기도하는 중에 하나님이 반복해서 마음에 주시는 단어가 하나 있었다. 그 단어는 바로 "연합"이다. 왜 자꾸 연합이라는 단어를 주실까 생각하면서 주위를 둘러보았다.

우리 교회가 속한 노회가 순천노회이고, 순천노회 소속 교회들이 200개 정도 된다. 그 교회들을 살펴보니 왜 연합이라는 말씀을 하시는지 금방 알아차릴 수 있었다. 내가 보기에 교회마다 예수님이 따로 한 분씩 계신 것처럼 보였다. 교회의 머리이신 예수님은 한 분이시고 교회는 머리에 붙어 있는 몸으로서 여러 지체가 모여 하나가 된다. 그런데 총 200분의 예수님이 교회마다 따로 계신 것처럼 보였다. 200개 교회가 개교회 중심으로 움직이고 하나 되지 못했다. 반드시 연합해야 하고 연합이 필요한 때라는 것을 감지했다. 문제는 어떻게 연합할 것인가? 이제 부임한 목사가? 나이도 젊은데? 아직 내 이름도 모르고 아무런 영향력도 없는데 어떻게? 하나님이 하나의 메시지를 주셨지만 그 메시지는 내 안에만 머물고 있었다. 밖으로 퍼져 나가야 연합이 될 텐데, 나에게만 주신 메시지가 아니라 모두에게 주신 메시지인데, 당분간은 나에게만 주신 메시지로 머물 수밖에 없어 보였다. 누구에게 쉽게 얘기할 수도 없었고, 이런 얘기를 나눌 대상도 없었다.

순천이 順天 되게 하라

어느 날 기도하는 중에 내가 전혀 생각지도 않았고 기도 제목에도 없었던 기도가 튀어나왔다. "순천이 순천 되게 하라." 왜 갑자기 이런 기도가 나올까 의아했다. 그러면서 2가지 놀라운 사실을 알게 되었다. 한 가지는 순천의 한자가 무슨 뜻인지 알게 되면서 놀랐다. 우리나라 지명 중에 "천"자가 들어가는 곳은 대부분은 내 천(川)이라고 알고 있다. 내 고향 영천도 '내 천(川)'자를 사용한다. 그런데 하늘 천(天)을 사용하는 도시가 두 곳인데, 한 곳은 천안(天安)이고, 다른 한 곳이 바로 순천이다. 순천의 한자는 順天인데, 순하다 혹은 도리를 따르다는 의미의 순, 하늘 천으로 되어 있다. 한자대로 풀면, 하늘의 뜻을 따르는 도시라는 의미다. 세상에 이런 의미를 담은 도시가 있다니, 누가 도시 이름을 이렇게 영적인 의미를 넣어서 지었을까, 놀라지 않을 수 없었다.

그리고 또 하나 놀란 것은, 순천이 순천 되게 하라는 기도가 나왔다고 성도들에게 얘기하니까 내가 처음 하는 기도가 아니라는 것이었다. 이전 목회자가 이미 했던 기도이고 표어로 사용하고 설교도 자주 했던 내용이라는 사실을 알게 되었다. 어떤 성도는 내가 이렇게 기도한 것을 듣고는 이전 목회자가 한 것이라는 사실을 알고 하는 줄 알았다고 했다. 나는 전혀 모르는 내용이었다. 그 순간에 깨달아지는 것이 있었다. 이전 목회자에게도 주셨고, 새로 부임한 나에게도 동일한 것을 주셨다면, 순천이 순천 되게 하라는 것은 2명의 담임목사가 아니라 순천동부교회에 주신 하나님의 꿈과 비전이라는 사실이었다. 그러면서 순천동부교회가 달리 보이기 시작했다. 순천이 순천 되게 하는 일은 순천시나 사회에 큰 영향력이 있는 사람이나 단체가 할 일이 아니라 순천동부교회가 해야 할 일이구나! 하나님이 이렇게 사랑하시고 주목하시는 교회라는 말인가? 이 교회를 향한 하나님의 비전이 이렇게 귀하고 크다는 말인가? 그런데 현실은 상처로 아파하고 분노하는 모습만 보였다. 하나님이 기대하시는 비전과는 거리가 멀어도 한참 멀어 보였다.

2

한국교회를 정탐하다

하나님의 소견에 따라 순천동부교회 담임목사로 부임하면서 예배, 말씀, 기도에 집중했다. 예배, 말씀, 기도로 마음을 새롭게 한 뒤에는 어떤 목회를 해야 할 것인가가 고민이었다. 월요일마다 성경 공부는 계속 다니면서 한국교회를 정탐하고픈 마음이 생겼다. 같은 시대에 교회를 목회하고, 같은 시대에 공존하는 교회들이 무엇을 하고 있는지, 하나님은 어디에 관심을 가지시고 무엇에 주목하시는지, 어떻게 일하고 계시는지를 알기 위해 세미나에 참석했다. 모든 세미나를 참석하는 것이 아니라, 적어도 3년 이상 지속했고, 가시적인 열매가 있어서 한국교회를 섬기는 마음으로 진행하는 세미나만 골라서 전국을 다녔다. 교회를 자주 비우는 것이 부담되었지만, 장로님들은 젊은 목사가 와서 배우고자 하는 마음이 있는 것을 보시고는 흔쾌히 보내 주셨다. 지금은 거의 세미나를 다니지 않지만, 부임한 뒤 몇 년 동안은 1년에 여러 번 세미나를 다녔었다. 받은 명찰만 해도 작은 세미나를 하나 열어 사용해도 될 만큼 상당하다.

아무리 힘들어도 되는 교회가 있다

전국을 다니면서 이런저런 교회를 만나고, 참석한 목회자들과 교제하면서 나름 유익했다. 지금도 그렇지만, 10년 전에도 한국교회가 힘들기는 마찬가지였다. 그런데, 아무리 힘들어도 잘 되는 식당이 있듯이, 아무리 시대가 힘들고 목회가 힘들다고 해도 잘되는 교회들이 있었다. 나름대로 임상실험의 기간을 거치고 숙성된 상황에서 자기 교회만 유익을 독점하는 것이 아니라 한국교회에 소개하여 같이 유익을 누리고자 하는 복된 교회들이었다. 먼저 시도한 일과 그 열매를 함께 나누려는 모습에 감동이 되었고 부럽기도 했다. 자료 준비는 물론 강의 내용도 너무 좋았고, 식사나 간식도 먹는 사람을 행복하게 할 만큼 잘 준비되어 있었다. 어떤 교회는 자료를 공유하지 않기도 했지만, 어떤 교회는 100% 자료를 공유하고 홈페이지에서 마음대로 사용하라는 교회도 있었다. 바로 이것이 하나님 나라 정신이리라! 그런데 아무리 힘들다고 해도 잘되는 교회들이 있었는데, 놀라운 점은 그 교회들은 공통점이 있었다는 사실이다. 바로 기도하는 교회였다. 기도도 보통 하는 것이 아니라 새벽에도 기도하고 저녁에도 기도하는 교회였다. 그것도 거의 365일 그렇게 한다. 기도는 프로그램이 아니라 교회의 본질이다. 세미나를 다녀 보면 나름대로 개발한 프로그램이나 독특한 교육 방침이나 실제적인 행사를 반복하면서 잘된 경우를 소개하는데, 내가 만난 교회들은 특정한 프로그램이 아니었다. 오로지 기도였다. 그렇다고 프로그램이 없는 것도 아니다. 프로그램을 잘 운영해서 교회가 되는 것이 아니라 기도에 집중하면서 교회가 잘되었다. 프로그램을 잘해서 기도가 잘되는 것이 아니라, 기도가 잘되니 다른 프로그램도 가능했다.

내가 만난 기도하는 교회

내가 만난 기도하는 교회는 3개인데 간략하게 소개하려고 한다. 처음으로 만난 교회는 거창중앙교회인데, 유년 주일학교 사역(초등학교 1~6학년)으로 유명한 교회다. 예수님의 성품을 30가지 정해서 제자 훈련하듯이 철저하게 교육하고 훈련한다. 당시 거창에 아이들이 4천 명 정도 되었는데, 거창중앙교회에만 무려 1,400명이 출석했다. 전국에서 대형 버스를 동원해서 매주 탐방 올 정도였다. 교회학교 다음 세대가 이렇게 폭발적으로 모일 수 있다는 사실이 놀랍고, 여기에 교회들이 관심을 가지고 찾아온다는 것도 감사한 일이었다. 1,400명이 출석하게 된 원인은 새벽 기도 3시간, 저녁 기도 2시간 때문이다. 하루에 5시간씩 기도하다 보니 아이들이 많이 모였고, 그 많은 아이를 가르치고 유지하기 위해서 또 5시간씩 기도할 수밖에 없었다. 또 이것이 가능했던 것은 장년들이 다양한 교사의 이름으로 헌신했기 때문이다. 차량 교사, 간식 교사 등. 주일 예배를 마치고 거창에 있는 아이들을 태우러 가는 차량 교사만 수십 명이었다. 그것도 자기 차로 매주 섬겼다. 교회 전체가 다음 세대를 위해 집중하고 투자하고 헌신하고 있었다.

두 번째 만난 교회는 서울 잠실에 있는 주님 사랑의 교회다. 아파트 단지 안에 있는 학교 강당을 빌려서 교회를 개척했다. 개척한 지 7년이 되자 교인이 1,000명이 넘어가기 시작했다. 이런 분위기라면 더욱 밀어붙여서 숫자적인 부흥에 집중하고, 그러다가 예배당도 건축해서 신나게 목회하려고 할 것이다. 그런데 담임목사님이 하신 말씀이 가슴에 쿵! 하고 들어왔다. "이러다가 큰일 나겠구나, 기본으로 돌아가야지." 학교 강당을 빌려 개척하고 7년 만에 출석 교인 1,000명이 넘어가자 즐겁고 행복한 마음이 아니라 불안한 마음이 들었다는 것이다. 내가 느낀 것은 담임목사도 겉으로 보이는 부흥 때문에 착각할까 두렵고, 교인들도 대단한 교회가 된 것처럼 마음이 높아질까 염려가 되었던 것 같다. 그러면서, 기본으로 돌아가자고 하시는데, 그 기본은 바로 새벽기도와 저녁 기도를 하는 것이었다. 새벽 기도는 1번도 아니고 2부로 나눠서 한다는 것이다. 그런데 놀라운 것은 그 바쁜 잠실 사람들이 못 올 것 같고, 새벽 기도가 제대로 될까 싶었는데, 너무나 열심히 참석하더라는 것이다.

마지막으로 만난 교회는 대전한빛교회다. 처음 알게 된 것은 신문을 통해서다. 어느 날 신문을 보는데 사모 세미나를 한다는 광고가 있었다. 신문을 볼 때 째려보는(?) 습관이 있다. 혹시 하나님이 주시는 선물이 있지 않을까 하는 생각 때문이다. 광고에 나온 문구나 일정을 자세히 살펴보는데, 이 교회에는 뭔가 있을 것 같은 느낌이 들었다. 아내에게 1박 2일로 세미나를 다녀오라고 했더니 처음에는 싫다고 했다. 사람들과 만나는 것을 별로 달가워하지 않았다. 그래서 일정이 힘든 것도 아니니 부담 가지지 말고, 그냥 사모들끼리 모여서 맛있는 것도 먹고 차도 마시고 좋은 호텔에서 푹 쉬다가 올 수 있는 곳이 있으니 가 보라고 했다. 내가 직접 데려다 줄 테니까 꼭 다녀오면 좋겠다고 권했다. 그랬더니 아내가 가겠다고 했다. 대전까지 데려다주고 내려왔는데, 다음 날 집에 와서 아내가 하는 말, "여보, 너무 좋았어. 보내 줘서 정말 고마워." 이것이 대전한빛교회와의 인연이다.

50일 기도학교

기도하는 교회들을 만나고, 아내가 사모 세미나를 다녀오면서 너무 좋다는 말을 듣고 이제는 내가 직접 참여하기로 마음먹었다. 한빛교회에서 여름에 진행하는 기도 컨퍼런스와 목회자 세미나에 참여해서 50일 기도학교가 무엇인지 맛보기 시작했다. 기도에 대한 설교집이나 간증집은 많지만, 교과서는 거의 없다. 크게 5개 주제, 기도의 원리, 기도의 응답, 기도의 방법, 기도와 영적 돌파, 그리고 기도와 영적 성장으로 구성되어 있다. 체계적으로 잘 정리된 기도의 교과서다. 한빛교회 백용현 목사님은 40일 금식기도를 하는 중에 하나님의 인도하심을 따라 기도학교라는 책을 쓰셨고, 기도에 관한 교과서로는 선구자적인 일을 하신 분이다.

나는 좋은 세미나가 있으면 직접 듣기도 하지만, 저자를 모셔 와서 직강을 듣는 스타일이다. 내가 배워서 전달하는 것은 부족하거나 잘못 전달할 수도 있어서 저자로부터 직접 들어야 교인들도 함께 공유할 수 있다고 생각한다. 그래서 백용현 목사님을 모시고 2박 3일 부흥회를 하려고 계획했다. 요청서를 보냈지만 거절당했다. 매일 새벽과 저녁 기도회를 백목사님이 직접 인도하시고, 그러다가 외부 집회가 있으면 출타하시는데 너무 일정이 많다는 이유였다. 내가 포기할쏘냐! 다시 요청서를 올렸다. 그랬더니 이번에는 수락해 주셨다. 나중에 백목사님께 들어보니, 처음 요청서는 행정 목사가 조치한 것인데, 다시 요청서가 올라와서 살펴보니 이 교회는 왠지 부흥회에 가야 할 것 같은 생각이 들었고 그래서 오셨단다. 내가 신문을 볼 때 하나님께서 감동을 주셨듯이, 목사님께도 요청서를 볼 때 하나님이 감동을 주신 것이다. 우리 교회는 2박 3일 부흥회를 통해 기도학교가 무엇인지 조금 맛을 보고 난 뒤 50일 기도학교를 본격적으로 도입했다.

3

교회의 획을 긋는 사건

100년이 가도 해결 안 되는 일

제가 속한 통합 교단이 100회기를 맞이하면서 한시적으로 특별위원회를 하나 설치했다. 교회가 분열되고 상처투성이만 남은 교회들이 서로 마음을 모아 화해하고 다시 하나 될 수 있도록 중재 역할을 하는 특별사면위원회가 그것이다. 우리 교회도 2009년도에 분열의 아픔을 겪었고 그 아픔은 여전히 성도들의 가슴에 자리 잡고 있었다. 그러다가 특별사면위원회와 연결이 되었는데, 2009년도 교회 상황을 적나라하게는 아니지만 대략적인 내용을 문서로 올렸더니, 돌아온 답변은 100년 가도 해결이 안 된다는 것이었다. 자세한 내용은 말씀드릴 수 없지만, 서로가 화합하기를 누구보다 간절하신 분들이 특별사면위원들인데, 그 분들조차 100년이 가도 해결이 안 된다는 결론을 내린 것을 보면, 우리 교회의 아픔이 얼마나 큰 것인지 충분히 짐작이 가리라 믿는다. 우리 교인들의 시간은 2009년도에 멈추었고, 그것은 수년이 지나도록, 새로운 목회자가 와도 마찬가지였다.

하나님 소견에 옳은 교회의 모습은?

성도들도 아픔이 가시지 않았고, 특별사면위원회의 답변도 인간적으로 볼 때 화해한다는 것은 불가능한 일처럼 보였다. 그런데 어느 날부터 하나님이 내 마음에 신호를 주신다. 나만이 아는 방법으로 하나님의 마음을 설교하라고 압박하신다. 그 마음은 용서하라는 것이다. 사실 용서하라는 설교는 교회에 부임하자마자 몇 차례 걸쳐 했던 설교였다. 과거의 상처에 매여 아파하는 성도들이 거기에서 벗어나는 방법은 용서하는 것뿐이었기 때문이다. 특별사면위원회와 연결이 되면서 더 용서하라는 말씀을 선포했다.

쉽지는 않을 것이라는 생각은 했지만, 예상대로 교인들의 원망이 들려오기 시작한다. "담임목사는 그 아픔의 현장에 있지도 않았으면서 우리보고 용서하라고?", "우리의 아픔을 알기나 해?", "우리의 아픔을 알지도 못하면서 용서하라고 하는 것은 우리를 더 힘들게 하는 것이라는 사실을 모르는 거야?" 기도하고 또 말씀을 준비했다. 선포했다. "아픔의 자리에 있지 않은 것이 사실이고, 여러분의 아픔을 다 헤아릴 수 없는 것도 사실입니다. 하지만, 제가 다닌 모 교회에서 같은 경험을 했습니다. 목회자로 인해 저희 어머니와 장인 장모님이 정든 모 교회를 떠나 새로운 교회로 이동하셨습니다. 내 모 교회를 이렇게 한 목회자에게 화가 납니다. 직접적이지는 않지만 그래도 조금은 여러분의 마음을 압니다. 그런데 대개 문제가 있는 사람들이 교회를 장악하고 다른 사람들이 쫓겨 나가는데, 우리 교회는 정반대로 되었습니다. 이런 부분은 하나님의 은혜가 아니겠습니까?"

    내 소견에 옳은 것이 과연 옳은가

교회의 주인은 오직 하나님

그러면서 정말 인간적으로는 하기 힘든 말을 했다. "목회자가 잘못한 것이 맞는데, 그런데 목회자만 잘못했습니까? 여러분들은 목회자를 하나님보다 높이 올려놓지 않았습니까? 그리고 문제가 발생했을 때 여러분의 대처는 하나님의 방법대로 했습니까?" 말은 하지 않지만, 눈빛에서 성도들의 심정이 그대로 전달되었다. 마지막으로 선포했다. "이제 절대로 이런 일을 반복하면 안 됩니다. 나를 높일 이유도 없겠지만, 높임을 받을 자격도 없겠지만, 절대로 높이지 마십시오. 나는 성도 중에 누가 교회의 주인 노릇을 하려고 한다면 싸울(?) 것입니다. 여러분도 제가 타락해서 주인 노릇 하려고 하면 막으셔야 합니다. 그래야 모두 삽니다. 우리 교회의 주인은 하나님 한 분이면 충분하고, 하나님이 주인으로 계신다면 안심하셔도 되지만, 하나님이 주인이 아니라면 우리는 모든 환경이 좋아도 불안해야 합니다. 우리 교회의 주인은 오직 하나님 한 분뿐입니다."

하나님 소견을 따라 꿋꿋하게

어쩌면 속을 긁는 설교처럼 들릴 수도 있을 것이다. 아픈 곳을 만져주지는 못할망정 스스로 돌아보고 반성하라는 메시지를 선포했으니 더 분노했을지도 모른다. 성도들의 달갑지 않은 시선에도 나는 조금도 굽히지 않고 우리 교회를 향하신 하나님의 옳은 소견을 계속해서 선포했다. 하나님의 마음은 오직 하나다. 우리 교회가 과거에 발목 잡혀 앞으로 전진하지 못하는 것을 안타깝게 여기신다는 것, 이제는 과거에서 벗어나서 새로운 출발을 해야 한다는 것, 그러기 위해서 용서해야 한다는 것, 저쪽에서 용서를 구하면 좋겠지만, 그래서 용서하면 더할 나위 없이 좋겠지만, 설사 용서를 구하지 않는다고 해도 우리가 용서할 마음의 준비가 되어 있어야 한다고 설교했다. 용서하지 않으면 상대방과 상관없이 우리의 마음만 나빠지니 우리가 마음을 바꾸면 상대방이 어떻게 하든지 우리는 자유 하게 될 것이라고 말씀을 전했다.

그런데, 성도들의 눈치를 보지 않고 하나님 입장에서 하나님의 마음을 순종하여 전달한 것을 하나님께서 이쁘게 보셨는지 교인들의 마음이 서서히 열리기 시작했고 오랜 시간의 설교와 권면을 거듭한 결과 양쪽 교회가 화해하고 오랜 아픔을 떨쳐 버리기로 합의하게 되었다. 할렐루야~

100년 가도 안 되는 일이 7년 만에?

2016년 6월 26일은 잊을 수 없는 날이다. 사람들이 보기에 100년이 가도 해결이 안 된다고 했던 일이 7년 만에 극적으로 화해하면서 우리 교회에 다 같이 모여서 화해 감사 예배를 드린 날이기 때문이다. 설교하고 설득하고 줄다리기를 반복하면서 준비하는 과정이 얼마나 힘들었는지를 생각하면 정말 감격스러운 날이 아닐 수 없다. 반복된 설교와 오랜 설득을 받아들이고 마음을 열어서 하나님 소견에 옳은 대로 통 큰 결정을 한 우리 교회 교인들에게 너무너무 감사하다. 화해 감사 예배 하던 주일 아침에 다시 한번 용서에 대한 설교를 했다. 성도들의 마음이 흔들릴까 봐 확실하게 하기 위함이었다. 종지부를 찍으려면 흔들리지 말고 확실하게 찍자는 마음을 담아 마지막까지 설교했다. 예배를 마치고 성도들과 인사를 나누는데, 지금은 작고하셨지만, 원로장로님 한 분이 인사를 하면서, 용서에 대한 설교를 부임해서 지금까지 6번 하셨다고 말씀해 주셨다. 이 말씀을 굳이 하시는 이유는 용서하기를 당신도 간절히 바라셨고, 그것이 이루어지기를 바라면서 설교 횟수도 세고 계셨던 것이 아닐까 싶다.

그날은 우리 교회에 길이 기억될 역사적인 사건이다. 우리 교회는 과거와 연결된 줄을 과감하게 끊어 버리고 미래를 향해 새롭게 출발하게 된 것이다. 하나를 둘로 나눈 잘못을 시인하고, 다시 둘을 하나로 만드는 기적과도 같은 날이다. 하나님 소견이 옳았다. 성도들의 저항과 100년이 가도 안 된다는 인간적인 판단에 스스로 포기했다면 이날의 감격과 감사와 기쁨은 영원히 우리 것이 되지 못했을 것이다. 우리 교회는 평안해졌다. 성도들이 무거운 짐을 벗고 자유 하게 되었다. 전적인 하나님의 은혜이고 선물이고 복이다. 하나님은 언제나 옳으시고 하시는 일은 항상 선하시다.

과거에 잡힌 삶을 빠져나와

하나님의 마음이 과거와 단절하고 새로운 미래를 위해 나아가는 것이었는데, 정말 화해 감사 예배한 뒤 교회의 분위기는 모든 성도가 앞을 함께 바라보며 달려가게 되었다. 2016년 화해 감사 예배한 뒤 그해 말부터 전도에 집중했다. 교회는 물론 대전과 청주까지 쫓아다니면서 전도 훈련을 열심히 받으면서 현장에서 전도할 전도자를 양성하고 실제로 전도하는 일에는 온 교인들이 총력을 다했다. 그래서 2017년도에는 1년 52주 중에 단 5주를 제외하고 매주 새 가족이 등록했다. 수요일에 오는 경우도 있었다. 매주 새 가족이 오면서 예배 분위기도 달라지고 새 가족을 섬기는 바나바도 활기차게 움직이면서 생기가 넘치는 교회로 변화되고 있었다. 역시 교회는 본질을 추구하는 것이 중요하다는 것을 새삼 경험했다. 우리 교회도 하면 된다는 것, 새로운 곳을 향해 나아간다는 기대가 충만했다.

6부

목회의 획을 긋는 사건

1

'50일 기도학교' 시작

한빛교회를 흉내 내며

한국교회를 탐방하며 알게 된 기도하는 교회 중, 대전한빛교회에서 진행하는 '50일 기도학교'를 2018년도에 도입했다. 백목사님을 모시고 부흥회를 했는데, 교인들에게 기도에 대해 많은 도전이 되었다. 마지막 집회를 앞두고 무릎을 꿇고 멘토가 되어 달라고 부탁드리면서 안수기도를 받았고, 백목사님과의 관계는 더욱 깊어지고 있었다.

부흥회를 잘 마친 뒤, '50일 기도학교' 교재를 가지고 '50일 기도학교'를 진행했다. 처음에는 한빛교회처럼 새벽과 저녁에 찬양팀을 세우고 하루 2번씩, 총 100번의 집회를 했다. 할 때는 집중하기 위해 최대한 목회 일정을 조정하고, 외부 일정을 축소했다. 다 마치고 나니까 숨이 조금 찼다. 무슨 정신으로 이렇게 했지? 찬양팀도 새벽과 저녁, 2개 팀을 운영했다. 두 번 다 섬기는 분이 많았지만, 성도들도 쉽지 않은 일에 도전하고 있었다. 낮에는 직장에서 하루 종일 일을 한다. 그리고 새벽과 저녁에 집회를 참석한다. 이것을 50일간 했으니 자신을 부인하고 자신과 싸우는 영적 전쟁이었다. 그런데 성도들도 열심을 내었다. 그것이

    내 소견에 옳은 것이 과연 옳은가

눈에 보였다. 그래서 담임목사인 나는 더 준비하고 더 열심히 기도할 수밖에 없었다. 정말 이런 집회는 처음이었으리라 생각한다. 전적으로 하나님의 도우심과 은혜로 진행된 일이다. 그것 외에는 50일을 설명할 수 있는 방법은 없다.

한빛교회에서 '50일 기도학교'를 진행한 교회들이 어떻게 했는지 자료를 보내면 심사해서 시상한다는 얘기를 들었다. 매년 8월에 기도 컨퍼런스가 한빛교회에서 열리는데 그 현장에서 50일을 잘 진행한 교회를 선정해서 소개도 하고 상금도 준다는 것이었다. 부목사님 한 분이 '50일 기도학교'를 맡아서 수고했고 자료도 잘 준비해서 한빛교회로 보냈는데, 우리 교회가 최우수상을 받았다. 열심히 준비해서 모범적으로 잘했다고 평가한 것이다. 전국에서 모인 5,000명 정도 되는 목회자와 성도들 앞에서 사례 발표를 했고, 상금으로 100만 원을 받았다. 할렐루야~ 백목사님과의 인연이 더욱 깊어지는 순간이었다.

'50일 기도학교'를 반복하면서

처음에는 말씀에 집중했고, 화해 감사 예배를 기점으로 전도에 온 교회가 마음을 쏟았고, 이제 기도에 온 힘을 다하고 있었다. 50일 기도학교를 진행한 뒤에 교인들로부터 피드백을 받아보니 50일이 너무 길다는 의견이 많았다. 새벽과 저녁으로 두 번 집회하는 것도 부담스러워했다. 그래서 다음 해에는 새벽에만 '50일 기도학교'를 진행했다. 기도하는 성도, 기도하는 교회가 되기를 간절히 바라는 마음뿐이었다. 이유는 하나님이 쓰시는 사람, 하나님이 하나님의 목적에 사용하시는 교회는 기도하는 사람과 교회이기 때문이다. 왜 기도하는 사람을 사용하시는

가? 말이 통하기 때문이다. 순천이 순천 되게 하는 비전을 이루기 위해서 기도는 필수였다.

사울의 갑옷

'50일 기도학교' 교재는, 앞에서 잠시 소개한 대로, 기도의 교과서라고 할 만큼 선구적인 작품이라고 해도 과언이 아니다. 기도에 대해 산발적으로 설교하고, 부분적으로 들었던 성도들이 하나로 꿸 수 있는 값진 보물과도 같은 교재임에 틀림이 없다. 기도에 대해 많은 도움이 되었고, 많이 배웠다. 한 본문에서 이렇게 기도에 관한 메시지를 정리할 수 있다는 사실에 놀랐다.

그런데, 기도학교를 계속 진행하면서, 어딘가 불편함이 느껴지지 시작했다. 백목사님의 영성이 너무 깊어서 나 같은 사람이 따라갈 수 없는 부분이 가장 컸지만, 뭔가 나와 맞지 않는 불편함이 자꾸 생겨났다. 다윗이 사울의 갑옷을 입고 잠시 걸어 보다가 불편함을 느껴 갑옷을 벗은 것이 이해되었다. 그래서 나도 나에게 맞는 옷을 입으면 좋겠다고 생각했다. 50일이 길다는 교인들, 사울의 갑옷을 입은 담임목사, 하나님께서 새로운 길을 열어 주셔야 할 상황이 되었다.

2

코로나 때 주신 하나님의 선물

생각지도 못했던 일

2019년도는 우리 교회가 창립 70주년이 되는 해이다. 여러 가지 행사를 준비해서 진행했었는데, 그중에 70년사 편찬이 있었다. 70년사를 집필하시던 분이 뜬금없이 내게 책을 써 보라고 권유했다. 나는 곧바로 대답했다. "내가 책을 쓸 만한 것이 뭐가 있을까요? 나 같은 사람이 무슨 책을 쓴다는 말씀이세요?" 다시 말씀하셨다. 그래도 책을 쓰면 정리도 되고 좋다고 강하게 권면하셨다. 그러고는 헤어졌는데, 문제는 책을 써 보라는 말이 계속 가슴에 남아 있는 것이 아닌가! 정말 책을 써야 하는 건가? 쓴다면 무엇을 주제로 쓰지?

2020년 코로나가 전 세계를 덮칠 때, 교회는 공적 예배도 하기 힘든 상황을 맞았다. 소그룹 모임은 두말할 것도 없이 포기하거나 조심스럽게 진행해야 했었다. 코로나로 인해 많은 사역이 중단되거나 축소되면서 시간적인 여유가 많아졌다. 그러면서 책을 써 봐야겠다는 마음이 강하게 일어나서 책을 쓰기로 했다. 무엇에 대해 쓸까를 고민하다가 50일이라는 성도들의 부담과 사울의 갑옷 같은 나의 불편함을 고려해서 내 나름대로 설교하고 가르쳤던 기도에 대한 내용들을 모으고 정리하기 시작했다. 그런데 나도 놀랐다. 책을 쓰는 것이 너무 재미있는 것이 아닌가! 재미뿐 아니라 책도 너무 잘 풀렸다. 성경 구절이 팍팍 떠오르고 하루에 몇 과씩 정리를 했다. 무슨 일을 하든 기도에 관한 생각으로 가득했고, 기도에 대해 정리를 차곡차곡 해 나갔다. 그렇게 정리된 책이 《30일 기도학교》라는 책이다.

처음에는 출판 목적이 아니라, 순전히 우리 교인들을 가르치기 위한 교재로 만들어서 진행했는데, 의외로 반응이 좋았다. 30일이라는 기간이 길지도 않고 짧지도 않고 딱 적당하다는 얘기도 들었고, 내용도 '50일 기도학교' 교재를 참고했지만, 그것과 또 다른 맛이 느껴져서 좋다는 피드백도 들었다.

내가 책을 쓴 것에 대해 가장 놀란 사람은 나 자신이다. 내가 책을 쓰다니! 내가 지금 무슨 짓(?)을 한 거지? 내 사전에, 내 인생에, 내 계획에, 내 소견에 책을 쓴다는 것은 있을 수 없는 일이다. 나뿐 아니라 또 놀란 사람이 있다. 아내다. 설마 책을 쓸 줄은 몰랐다고 한다. 아이들도 놀랐다. 놀라기도 했지만, 솔직히 아빠가 어떻게 책을 썼어요?라는 전혀 기대하지 못한 일을 봤다는 듯 신기하게 쳐다보는 뉘앙스였다.

깜짝 놀랄 만한 하나님의 일하심

책을 냈다는 소식이 전해지고, 더군다나 《30일 기도학교》라는 교재를 만든 것에 대해 주변에서 많은 격려와 칭찬을 해 주었다. 그런데 어느 날 어떤 분으로부터 깜짝 놀랄 만한 얘기를 듣게 되었다. 그분은 기도하시는 분인데, 정확한 날짜는 기억나지 않지만, 하나님께서 자신에게 이정환 목사가 50세가 되는 해에 책을 쓰게 해 달라는 기도를 시키셨다는 것이다. 그분도 뜬금없는 기도 제목이었지만 하나님께서 말씀하시니 그때부터 기도하기 시작했고, 그 얘기를 나누는 순간까지 기도를 쉬지 않고 있었다. 나도 전혀 이런 일이 있었는지를 알지 못했고 그때 처음 듣는 말이었다. 그분도 내게 알리지 않았고 기도만 하면서 지켜보고 있었다고 한다. 그런데 2020년 책을 쓰게 되었는데, 놀랍게도, 그때 내 나이가 50세였다.

책을 쓸 내용이나 연륜도 안 된 사람이 책을 썼다는 사실에 주목하지 마라. 오직 하나님의 일하심을 주목하라. 내가 책을 쓸 계획은 내 계획도 아니고 오직 하나님이 먼저 세우셨고, 그 일을 이 땅에 이루시기 위해 어느 분에게 기도를 시키셨고, 때가 차매 우리 교인도 아닌 70년사를 집필하시는 분을 통해 책을 써 보라는 권면을 하게 하셨다. 그 권면의 말씀을 내 마음에 두셔서 마침내 책을 쓰게 하신 것이다. 순서가 중요하다. 기도하면 책을 쓰게 하시는 것이 아니라, 이미 책을 쓰게 하실 계획이 끝났기 때문에 기도하게 하신 것이다. 그 기도가 차고 누적이 되면 실체가 드러난다. 하나님이 원하시는 기도의 분량이 채워졌을 때 하나님의 계획은 성취된다. 하나님이 시작하셨고, 하나님이 필요한 사람을 동원해서 마음과 생각을 주장하셨고, 마침내 하나님의 은혜로 마무리하게 하셨다. 이것이 하나님께서 일하시는 방식이다.

너무나 낯선 나

내가 부임하고 얼마 되지 않았을 때, 2015년도에 전남동부극동방송이 여수에 지사를 내고 방송을 시작했다. 개국 멤버이면서 당시 사랑의 뜰 안 담당자가 나를 찾아와서 라디오 방송을 같이하자고 제안했다. 나는 깜짝 놀라서 무슨 소리냐? 내가 무슨 방송을 하냐? 홈페이지나 설교를 들어 보고 왔는지, 방송을 오래 해 본 경험으로 봤을 때, 목사님이라면 잘할 것이라고 몰아붙였다. 그래서 나는 지금 바로 답을 할 수는 없고 하나님께 기도하고 결정하겠다고 했다. 하나님이 하라고 하셔야 나는 할 수 있다고 대답하자 그분은 그냥 돌아갔다. 그런데 잊을 만하면 찾아와서 방송하자고 말했다. 그때마다 하나님이 아직 아무 말씀도 하지 않으신다고, 실제로 아무 말씀도 하지 않으셨고, 그래서 거절했다. 몇 년 동안 권유가 지속되다가, 우리 교회를 소개하는 일시적인 프로그램에 참여하는 기회가 있었는데, 그것을 기점으로 라디오 방송을 시작하게 되었다. 그런데 이것이 웬일인가? 라디오 방송을 하는데 왜 이렇게 재밌는지, 라디오니까 사람들을 보고하는 것은 아니지만, 담당 피디와 대화를 주고받고 청취자들과 문자나 전화로 소통하는 것이 정말 재미있었다. 그러면서 나에게 또 놀란다. 내 인생에 라디오 방송이라니? 말이 늦게 틔어 5살 때에야 처음으로 말했고, 교회에 처음 갔을 때는 여자들이 많아서 고개도 못 들던 촌놈이 라디오에서 방송하고 있다니 놀라운 일이 아닐 수 없다. 하나님은 왜 내가 생각지도 못했던 일을 하게 하시고, 또 이런 일들은 왜 이리 재미가 있는지… 그런데 낯설기는 낯설다.

하나님의 일하심은 진행형

《30일 기도학교》가 알려지면서 내가 봐도 낯선 나를 발견하는 일들이 많아졌다. 전남동부극동방송에서 사랑의 뜰 안이라는 생방송 시간에《30일 기도학교》를 매주 한 과씩 진행하자고 제안했다. 그런데 내 반응이 나를 놀라게 했다. 곧바로 "예. 알겠습니다, 감사하지요."라고 대답했다. 그렇게 거절하던 내가 이제는 조금의 고민도 없이 라디오 방송을 하겠다고 하고, 고맙다는 말까지 하고 있으니 변해도 너무 변한 것 같다. 그래서 30주를 극동방송에 다니면서 '30일 기도학교'를 진행했다. 연합은 교회끼리의 연합만이 아니다. 교회가 하지 못하는 영역에 있는 방송과도 연합해야 한다. 각자 고유한 사역을 존중하면서도 하나님 나라를 위한 일에는 연합해야 하기 때문이다.

그런데 진행하던 피디가 한 가지 제안을 했다.《30일 기도학교》교재는 주제와 그것과 관련된 성경 구절만 잔뜩 적혀 있는데, 여기에 설명을 붙여서 누구나 쉽게 읽을 수 있는 단행본 책으로 출판하자는 것이었다. 교회 안에서 교인들을 교육할 목적으로 책을 쓴 것인데, 이것을 잘 다듬고 만들어서 다른 사람들도 기도에 대해 배우고 기도하는 사람이 되면 좋겠다는 뜻이었다. 그런데 시간이 문제였다. 사역도 바쁜데 이것을 다 정리하려면 상당히 많은 시간을 할애해야 하는데, 더군다나 다른 사역들을 하면서 이것까지 가능할지 의문이 들어서 얼마간 망설였다. 그런데 기도학교를 진행하러 갈 때마다 권면을 하셔서 뜻을 받아들여 책을 출판하기로 결정했다. 그래서 2024년 11월에 나온 책이《성경이 말하는 기도》다. 출판사를 통해 출간한 첫 번째 책이다. 책이 교회에 도착할 시기에 유럽 성지순례 중이었는데, 직접 받지는 못했지만, 감격하고 감사할 수밖에 없었다. 마음을 다해 하나님께 영광을 올려드렸다. 기도를 확장하시는 하나님의 일하심을 강하게 감지하게 되었다.

여전히 진행형, 계속 낯선 나

극동방송에 이어 전남 CBS에서도 《30일 기도학교》 책을 읽었다고 하면서 프로그램 하나를 같이 하자고 제안해 왔다. 이미 CBS에서 유명한 목회자들이 진행하고 있는 잘잘법(잘 믿고 잘사는 법)과 같은 방식인데, 전남 CBS에서는 "음성듣기도"라는 이름으로 진행하자는 것이었다. 총 30과를 1번만 하기에는 아쉬움이 많아서, 총 10회 분량으로 제작할 것인데, 1회당 20분 내외로 편집해서 유튜브에 올려 많은 사람이 기도에 대해 도움을 받게 하자는 취지였다. 하나님의 일하심은 정말 깜짝놀랄 만큼 급작스러우시다. 사람들이 보이지 않는 라디오 방송도 오랜 시간 거절하다가 하게 되었는데, 이제 카메라 앞에서 얼굴을 드러내고 강의하는 것을 영상으로 찍는다니 상상만 해도 너무 낯설게 느껴졌다. 하지만, 기도 운동을 일으키기를 원하시는 하나님의 소견을 알기에 낯설지만 하겠다고 결정했다.

그런데 카메라 앞에서 혼자 말하는 것인데 왜 이렇게 편하고 재미가 있는지. 한 번 가면 2강씩 녹화했는데, 대략 1강에 40~50분 정도 걸렸다. 방송국 직원들이 내가 강의하는 것을 보더니 너무 잘한다는 칭찬까지 해 주었다. 솔직히 잘잘법을 보고 말하는 투와 속도를 조금 공부하고 갔었는데 그것이 도움이 되었던 것 같다. 현재 10강까지 전부 유튜브에 올라가 있고, "음성듣기도"를 검색하면 만나 볼 수 있다. 촬영과 편집으로 수고하는 전남 CBS 직원들에게 박수를 보낸다. 하나님의 일이 진행되면서 계속 낯선 나를 발견한다. 극동방송과 연합하게 하신 하나님은 전남 CBS 방송과도 연합하게 하셨다. 연합이 확장될수록, 하나님은 "어디까지 계획하고 계실까? 순천이 순천 되는 날이 다가오는 것인가?" 기대하게 된다.

3

확장되는 사역

교회를 넘어 연합으로

한빛교회에서 진행하는 사모 세미나를 통해 기도학교를 알게 된 후, 기도 컨퍼런스 참석, 목회자 세미나 참석, 부흥회, 50일 기도학교 진행 과정을 거쳐 오면서 한빛교회와 동역하게 하시고, 기도 사역의 넓고 깊은 곳으로 인도하시는 하나님을 만나게 되었다. 2023년도에 50일 기도학교를 진행하는 전국의 교회들을 처음으로 12개 권역으로 나누어서 지역 임원과 전국 임원을 구성했다. 나는 광주 전남지역의 회장이면서 전국 부회장으로 섬기게 되었다. 12개 권역 중에서 가장 많이 참석하는 지역은 광주 전남지역이다. 지교회에서 기도학교를 진행할 뿐 아니라 가까운 지역의 목회자들끼리 매주 기도 모임을 갖고 있다. 사모들도 함께 참여하고, 사모들도 약간의 조직이 되어 있어서 사모들이 움직이면서 목회자들도 함께 기도하는 전략으로 나가고 있다. 해가 거듭될수록 기도학교를 진행하는 교회는 늘어나고 있는데, 지금은 전국에 600개 교회가 기도학교를 진행하면서 한빛교회와 협력하고 있다. 기도학교를 반복해서 진행하는 교회들은 교회의 색깔과 이미지가 기도하는 교회로 달라지고 있다. 언젠가 이 기도의 불은 하나로 합쳐져서, 거대한 연합을 이루어 한국교회를 새롭게 하는 거룩한 불이 되리라 확신한다.

30일 기도학교가 확장되다

《30일 기도학교》가 극동방송과 출판을 통해 주변 목회자들에게 알려지면서 관심이 높아지고 있다. 목회자가 먼저 《성경이 말하는 기도》를 읽고 새벽에 '30일 기도학교'를 진행하기도 하고, 저녁에 소수 정예로 기도 용사를 세우기도 하고, 수요일마다 1과씩 진행하는 교회도 있고, 주일 오후 예배 시간이나 금요기도회 시간에 진행하는 교회도 있다. 어떤 교회는 청년부에서 나눔으로 활용하기도 하고, 우리 교회에서 진행하는 '30일 기도학교'를 영상으로 참여하는 교회도 있다. 아직은 미약한 시작 단계이지만, 점차 확장될 것을 믿는다. 하나님이 기뻐하시는 일이니까 하나님이 신실하게 일하시리라 확신하며, 한 걸음씩 하나님 소견에 옳은 대로 걸어가고 있다. '30일 기도학교'를 통한 다음 목표는 '50일 기도학교'로 인도하는 것이고, 백목사님을 통해 하나님이 주신 소망대로 기도하는 순결한 7,000개의 교회가 세워지는 것이다.

순천노회의 획을 긋는 사건

지난 3월 17일~18일이다. 순천노회 역사상 전무후무한 일이 벌어졌다. 순천노회 8개 시찰이 "연합" 전도부흥회를 개최한 것이다. 부임한 지 6개월 되었을 때 하나님께서 주신 단어 "연합"이 떠올랐다. 그동안 순천노회는 여러 가지 사정과 당시 상황으로 인해 분열되었고, 시찰도 분열되었고, 교회도 분열되었다. 그런데 이제 때가 된 것일까? 분열의 역사가 끝났다는 신호탄 같은 연합 부흥회가 열렸다. 그것도 우리 교회에서 말이다. 들어 보니 우리 교회에서 하게 된 이유가 있었다. 우리 교회가 주변에 기도하는 교회라고 소문이 났다는 것이다. 평상시 기도로 터를 닦아 놓은 곳에서 부흥회를 해야 은혜가 넘친다는 생각을 한 것이다. 나는 많고 많은 교회 중에 우리 교회에서 연합 부흥회를 하게 된 것은 결코 우연이 아니라 하나님 소견에 옳은 대로 가는 것이라고 확신한다. 그동안 교회가 걸어온 길에 주신 말씀, 연합, 전도, 기도를 다 모아 보면 하나님의 예비하심이고 철저한 계획 속에 이루어진 섭리임에 틀림이 없다.

연합 부흥회는 성황리에 잘 마쳤다. 모든 봉사를 교인들이 연합하고 기도하고 수고한 결과 잘 마친 것이다. 연합 부흥회에 참석한 목사님이나 교인들이 이구동성으로 부흥회 준비하느라 수고했고 너무 정성스럽게 잘 준비해 줘서 고마워했다. 나는 이 자리를 빌려 확실하게 말한다. 고맙다는 인사는 우리 교인들이 받아야 마땅하다고 말이다. 그래서 마음을 담아 자랑하고 박수를 보내고 싶다.

부흥회가 이벤트?

놀라운 것은 연합 부흥회가 일시적인 이벤트처럼 끝난 것이 아니라는 사실이다. 부흥회의 열기를 가지고 순천노회를 5개 권역으로 나눠서 권역별 연합집회를 진행했다. 순천노회에 이런 일이 가능하다니 놀라울 따름이다. 예배당에 부흥을 사모하는 성도들이 가득히 앉아서 뜨겁게 찬양하고 말씀 듣고 기도했다. 정말 순천노회에 획을 그을 만한 사건이 일어난 것이다. 2027년은 평양 대부흥 운동이 일어난 지 120주

년이 되는 해이다. 연합하는 뜨거운 기도회를 지속시킬 때 2027년도에
는 우리가 상상하지 못했던 놀라운 일이 순천 땅에, 하늘의 뜻을 따르
고자 하는 바로 이곳 순천에서 일어나리라 확신한다.

7부

하나님 소견대로 이끄시는 목회

1

목회하게 된 동기

바울의 삶에 도전하며

앞에서 잠시 소개한 대로, 내가 목회자의 길을 걷게 된 계기 중의 하나가 바울 때문이다. 바울은 부활하신 예수님을 만난 뒤로 뒤돌아가지도, 포기하지도, 곁길로 가지도 않고 오직 예수님을 위해 살고 예수님을 위해 죽었다. 어떻게 이렇게 살 수 있을까? 사람이 살다 보면 힘들어서 주저앉기도 하고 곁길로 가기도 하고 이전으로 돌아갈 수도 있는데, 이런 모습은 찾아볼 수 없고 오로지 사명을 위해 달려가는 바울의 삶은 사람이 맞나 싶은 정도다. 마음으로는 많은 영적 전투가 있었겠지만, 적어도 겉으로 보이는 삶의 모습은 한결같이 예수를 위해 살고 예수를 위해 죽는 것뿐이었다. 더군다나 육체의 가시, 질병을 가지고 있었음에도 사명을 향한 걸음은 멈추지 않았다.

나도 이런 목회자가 되기를 원했다. 한 번 예수님의 사랑을 받아 하나님의 사람이 되었으면 끝까지 하나님만 사랑하고 싶었다. 목회자의 사명을 주셨다면 변함없이 목회자의 길을 걸어가기를 원했다. 한 번 예수는 영원한 예수다. 예수로 시작해서 예수로 마치고 싶은 마음이 간절했다. 정말 그렇게 살고 싶었다.

2

하나님 소견에 옳은 목회

말씀에 대한 확신

성경은 하나님의 말씀이다. 하나님이 누구이고 어떤 분인지를 보여 주는 계시의 책이다. 종이에 적힌 글씨가 아니라 살아 있고 활력이 있다. 하나님의 사랑이 기록된 편지이고, 이 편지를 믿는 자에게 구원을 주시는 하나님의 능력이다.

진지한 질문을 던지고 싶다. 말씀이 살아 있고 복음이 능력이라는 것을 정말 믿는가? 그 증거는 무엇인가? 그리고 말씀이 사람을 변화시키는 능력이 있다고 자신 있게 말할 수 있는가? 만일 누군가가 나에게 묻는다면 나는 조금도 주저하지 않고 말씀이 살아 있고 복음이 능력이라는 것을 믿는다고 답할 것이다. 그 증거가 무엇이냐고 묻는다면, 나는 나 자신이 그 증거라고 답하겠다. 나는 예수님이 흘린 귀중한 보배 피가 나를 위해 흘린 피이고, 나의 죄를 씻는 피라는 사실을 조금도 의심하지 않고 믿는다. 정확히 성령께서 믿게 해 주셨다. 그래서 죄인인 내가 의인이 되고, 본질상 진노의 자녀가 하나님의 자녀가 되었고, 어부를 꿈꾸며 살았던 버러지 같은 인생이 하나님 소견대로 목회자가 되었고, 말도 늦게 하고, 말주변도 없고 쑥스러워하던 사람이 사람들 앞에 서 복음을 전하고 있다. 나를 이렇게 바꾼 것은 오로지 복음이었다.

사람은 잘 변하지 않는다?

흔히 어른들이 하는 말씀이 있다. "사람 바꿔서 못 쓴다.", "사람 잘 변하지 않는다." 그러나 나는 그 말에 동의하지 않는다. 내 생각은 다르다. 말씀이 사람을 바꾼다는 것에 200% 확신한다. 예수님의 십자가와 부활의 복음 외에, 살아계신 하나님의 말씀 외에 이 완악한 죄인을 바꾸고 새롭게 할 능력을 가진 것이 무엇이 있다는 말인가? 복음을 제대로 영접하면 사람은 변화될 수밖에 없다. 주인이 바뀌었는데 어찌 삶이 변화되지 않는단 말인가! 하나님의 말씀을 존중하고, 그 말씀에 즉시, 기쁨으로, 자발적으로, 온전하게 순종하면 말씀의 능력이 역사하여 그 사람을 성화의 길로 이끌어 준다. 말씀이 거룩하기에 말씀에 순종하면 사람은 달라질 수 있고 달라진다.

목회의 여정에 주신 생명과도 같은 말씀

목회의 기준은 하나님 소견이고, 그 소견은 말씀에 나타나 있다. 목회의 여정 속에 하나님께서 나도 모르는 사이에 말씀을 주실 때가 있다. 생각지도 못한 말씀이 마음속에 자리를 잡고 목회를 이끌어 가고 있는 놀라운 현상을 경험할 때가 한두 번이 아니다. 바울에 도전받아 바울처럼 살고 싶다는 마음을 받으신 하나님께서 목회의 여정에 허락하신 말씀을 나누고 싶다. 이 말씀은 나 개인에게 주신 말씀이지만, 목회자에게 주신 말씀이기도 하고, 목회뿐 아니라 삶의 모든 상황에서 기준이 되는 말씀이기도 하다. 따라서 이 책을 읽는 분이 어떤 신분이든 어떤 일을 하든, 누구든지 이 말씀을 붙들고 살아간다면 하는 모든 일이 주님의 기쁨이 될 것이다. 더욱이 그 일이 하나님이 주신 사명이라면 바울처럼 변함없이 끝까지 달려가는 강력한 원동력이자 에너지가 될 것을 확신한다. 앞으로도 말씀으로 이끄실 것을 기대하면서, 지금까지 목회 여정에 주신 하나님의 말씀은 모두 4개의 말씀이다.

3

4개의 말씀

1) 첫 번째 말씀

아버지께서 내게 하라고 주신 일을 내가 이루어 아버지를 이 세상에서 영화롭게 하였사오니. (요 17:4)

예수님의 3년 공생애를 요약해서 한 구절로 말하라고 한다면, 나는 이 구절이라고 말한다. 예수님이 하나님을 영화롭게 하셨다는 말씀이다. 소요리 문답 1번은 사람의 제일 되는 목적이 무엇이냐는 것인데, 그 답은 하나님을 영화롭게 하고 영원토록 그를 즐거워하는 것이다. 예수님이 완전한 인간, 인간의 표준으로서 제일 되는 목적인 하나님을 영화롭게 하는 삶의 모범이 되셨다.

하나님의 일이란?

그런데 예수님이 어떻게 하나님을 영화롭게 하셨을까? 예수님은 일을 이루어서 영화롭게 하셨다. 예수님이 해야 할 일은 2가지다. 첫째,

아버지께서 하라고 주신 일이다. 예수님은 자신이 하고 싶은 일을 하시는 것이 아니라 아버지께서 하라고 주신 일을 하러 오셨다. 인류의 죄를 사하기 위해 인간의 몸을 입고 자발적으로 이 땅에 오셨다. 이 일의 출처는 예수님이 아니고 하나님 아버지시다. 둘째, 내게 하라고 주신 일이다. 다른 사람이 아닌 예수님께 하라고 주신 일이다. 그것은 십자가에 죽는 일이다. 십자가에 죽어서 인류의 죄를 사하는 일은 그 누구에게도 아닌 오직 예수님께 주신 일이다. 다른 사람이 십자가를 진다고 해서 인류의 죄를 사할 수 있는 것이 아니다. 오직 예수님의 일이다. 이 일을 이 세상에서 이루었을 때 하나님은 영광을 받으셨다. 우리의 유일한 관심은 하나님께서 내게 하라고 주신 일을 내가 이루는 것이다. 하나님의 일은 내가 하나님을 기쁘시게 하기 위해서 하는 일이 아니라 하나님께서 요구하시는 일이고, 그 일을 했을 때 하나님을 기쁘시게 할 수 있다.

성전을 지어 드리고 싶었던 다윗

다윗은 하나님께 성전을 지어 드리고 싶었다. 자신은 좋은 곳에 살고 있는데, 하나님의 언약궤가 휘장 가운데 있는 것이 불편하고 마음이 아팠기 때문이다. 그런데 하나님이 거절하셨다. 이유는 다윗이 전쟁의 사람으로 피를 많이 흘렸기 때문이다. 하나님은 다윗의 마음은 받으셨지만, 성전을 짓는 것은 허락하지 않으셨다. 성전은 솔로몬이 지어야 했다. 솔로몬에게 주신 사명이기 때문이다. 다윗은 성전을 짓고 싶어도 짓지 않아야 하나님께 영광이고, 솔로몬은 짓기 싫어도 지어야 하나님께 영광이다. 다윗은 비록 거절당했지만, 그것 때문에 섭섭해서 하나님과의 관계가 나빠진 것이 아니라, 엄청난 사유 재산까지 내놓으면서 솔로몬이 성전을 잘 지을 수 있도록 돕고 헌신했다. 성전을 지어 드리고 싶다는 것이 그냥 해본 말이 아니라 마음에서 우러난 진심이었다는 것이 분명하게 드러난 증거였다. 다른 사람 같았으면, 우리 같았으면 그냥 지어 드리지 않았을까? 하나님이 안 된다고 해도 재정적인 여유도 있고 예배당을 넓히거나 건축할 상황이 되었다면 밀어붙이지 않았을까?

왜 300명이냐?

김동호 목사님을 참 좋아하고 존경한다. 목회자들은 자신과 코드가 맞는 선배 목회자들을 존경하고 설교도 들으며 도전을 받는다. 김동호 목사님의 설교를 듣다가 참 귀한 목회의 교훈을 배운 것이 있다. 아마 알고 계시는 분이 많을 것 같다. 영락교회에서 부목사로 섬기실 때 성경 공부를 했는데, 시편을 너무 잘 가르쳐서 공부하는 방의 창문을 뜯어야 할 정도로 성도들이 많이 모였다. 그것이 소문이 나서 32세의 나이에 담임으로 청빙이 되었다. 어느 주일, 목사님이 설교하면서 올해 교인 수 배가운동을 하겠다고 선포했다. 그때 성도들이 150명 정도 모였는데, 연말에 300명 교회를 하겠다고 공포했다. 교인들은 젊은 담임 목사가 와서 교회의 성장을 위해 힘쓰겠다고 하니 다들 좋아했다. 교회를 배로 부흥시키겠다는데 싫어할 교인이 누가 있을까?

그런데, 다음 날 새벽 기도 시간에 하나님이 느닷없이 질문하시기를 "왜 300명이냐?" 이 말은 젊은 목사가 포부를 크게 가져야지 겨우 300명이 뭐냐? 네가 성경 잘 가르치는 일로 소문이 나서 담임으로 왔다고 너무 마음이 높아진 것은 아니냐? 이런 의미가 아니었다. 하나님 말씀의 뜻은 "누가 300명 하라고 했냐?"는 것이다. 이 질문 자체로 보면, 하나님은 김동호 목사님에게 300명 하라고 한 적이 없다는 말이다. 그 질문을 받는 순간 바로, 이것이 소명을 가장한 야망이구나! 하는 것을 깨달으셨단다. 300명 교회를 하겠다는 것은 김동호 목사님의 야망인데, 그것을 담임목사의 소명인 것처럼 가장하고 포장했다는 것이다. 다음 주일에 이실직고하고 곧바로 취소하셨는데, 3년 목회를 하시고 사역지를 옮길 때 300명쯤 되었다고 한다. 자존심이 상해서라도 취소하기가 쉽지 않은데, 하나님의 옳은 소견을 말씀하시고 거기에 순종하는 모습은 후배 목회자인 나에게 큰 귀감이 되었다.

이 말씀을 듣고 목회할 때 항상 점검한다. 이 일은 누가 하라고 한 일인가? 내가 하고 싶은 일인가? 다른 사람이 하라고 한 일인가? 아니면, 하나님이 하라고 주신 일인가? 하나님이 하라고 한 일이라면 두 번 생각하지 않고 실행한다. 하지만, 사람이 하라고 한 일이라면 더 이상 고민하지 않는다. 오직 나의 관심은 하나님이 나와 교회에 하라고 명령하신 일에 있다. 그리고 이 일을 지금 하기를 원하시는가 하는 것에 있다.

원로 목사님의 생명과도 같은 말씀

교육전도사로 처음 사역했고, 부목사로 다시 사역했던 영은교회에서 하나님 소견에 옳은 대로 순천동부교회로 이동할 때, 원로 목사님을 찾아뵈었다. 명절이 되면 담임목사님과 교역자들이 찾아뵙고 인사했었지만, 담임으로 가기 전 귀한 말씀도 듣고 기도도 받기 위해 따로 찾아뵀다. 나는 단순히 인사 차원에서 당연한 예의를 지키기 위해 갔는데, 하나님은 어마어마한 선물을 준비하고 계셨다. 1년에 2번 있는 명절에 갔을 때도 단 한 번도 하지 않은 말씀을 해 주셨다.

원로 목사님은 내가 교육전도사로 섬길 때 담임목사님이셨고, 만 20년 목회하시고 젊은 목회자가 사역할 수 있도록 조기 은퇴하셨다. 담임목사님으로 섬기실 때 성도들로부터 들려오는 소리가 있었다. "왜 우리 목사님은 어떤 프로그램이나 큰일을 해야 하는데 아무것도 안 하실까?" 목사님의 주된 사역은 성경공부반을 많이 개설해서 말씀을 가르치고, 전도 폭발 기지 교회로서 자체적으로 전도 폭발 훈련을 계속 진행하고 또, 전국 세미나를 열어 한국 교회를 섬기는 일에 힘을 많이 쓰셨다. 어린 교육전도사의 눈에 봐도 성경 공부와 전도 폭발 외에, 다른 교회처럼 영은교회 하면 떠오르는 독특하고 활기찬 사역은 없었다. 성도들이 이런 얘기를 하는 배경이 있는데, 직전 목사님과 연관이 있다. 그 목사님은 10년 조금 안 되는 기간을 사역하시다가 장석교회로 가신 이용남 목사님이다. 이용남 목사님은 아이디어 뱅크라는 별명이 있었다. 목회에 좋은 아이디어들이 얼마나 많은지 성도들이 좋아했고 잘 따랐다. 열매들도 많이 있었고, 장석 교회로 가신 뒤에도 그 영향력은 영은교회 안에 진동하고 있었다. 이렇다 보니 지금의 담임목사님은 아무것도 안 하는 것처럼 인식되었던 것이다.

그런데, 한 가지 의아한 일이 있었다. 내가 부목사가 되어 다시 영은교회를 갔을 때는 원로 목사님이 되셨고 새로운 담임목사님이 오신 지 얼마 되지 않았는데, 매년 출석이 100명씩 늘어나고 있었다. 전도되거나 등록하는 사람이 100명이 아니라 출석이 100명씩 늘어났다. 총 교인 수가 2000년도 교육전도사 때 1,200명 정도 모였는데, 2,007년도 다

    내 소견에 옳은 것이 과연 옳은가

시 부목사로 가서 2012년도까지 사역하는 동안 2,200명을 넘어섰다. 이 것은 또 무슨 일일까? 왜 이런 현상이 나타나는 것일까? 의문을 가졌다. 그런데 원로 목사님의 말을 들으면서 답을 알 수 있었다.

성도들의 생각은 아무것도 안 하시는 것처럼 보여서 불만인데, 중요 한 것은 언제나 하나님의 소견이다. 하나님의 소견은 무엇일까? 원로 목사님을 찾아뵈었을 때, 이런 말씀을 하셨다. 원로목사님께서 영은교 회에 부임했을 때, 하나님께서 목사님과 사모님에게 동일하게 주신 말 씀이 있었단다. "아무 일도 벌이지 마라." 하나님께서 부부에게 동일하 게 주신 말씀이었고, 그래서 목사님 부부는 순종했다는 것이다.

한 가지 질문을 하려고 한다. 이 목사님은 목회를 잘한 것인가? 잘 못 한 것인가? 얼른 대답이 잘 안 되는가? 잘 못 하고 있다고 생각했기 때 문일 것이다. 하지만, 목회를 너무나 잘하신 것이다. 왜냐하면, 하나님 소견에 옳은 대로 행한 것이니까! 목회는 목회자가 하고 싶은 대로 하 는 것이 아니라, 하나님이 원하시는 대로 해야 한다. 성도들의 불만, 교 육전도사의 눈에 보였던 것은 사람의 소견에 옳은 것이었다. 적어도 담 임목사라면 이래야지 하는 그런 생각들이 어느새 하나님 소견보다 더 중요하고 옳은 것처럼 되어 버렸다. 그러면서 드는 생각은, 담임목사님 께는 죄송한 말이지만, 매년 100명씩 늘어나는 출석 교인은 원로 목사 님의 열매가 아닐까? 말씀과 전도로 열심히 심은 열매를 담임목사님이 거두고 있는 것은 아닐까?

성전 짓는 다윗

내가 현재 목회하는 교회가 규모가 조금 있어서 그런지 도와달라는 편지가 자주 온다. 그러면 대부분 힘든 상황에 있는 분이나 형편이 어려운 교회이기 때문에 천천히 읽어 본다. 이런 편지를 자주 접하게 되면서 드는 생각은 성전 짓는 다윗이 너무 많다는 것이다. 도와 달라는 편지 중에는 성전 건축을 했다가 빚을 갚지 못해서 어려움에 처했다는 내용이 많다. 그중 한 교회가 기억에 남아 있다. 장애인을 무시하는 것은 아니지만, 장애인 15~20명 정도 모이는데, 10억짜리 예배당을 지었다가 곤경에 처한 교회였다. 편지를 읽으면서 곰곰이 생각해 본다. 정말 이 예배당을 하나님이 지으라고 해서 지은 것일까? 구약 시대에 성막을 지을 때 재료가 부족하지 않았고, 오히려 넘쳐서 그만 가지고 오라고 할 정도였다. 솔로몬 성전도 짓다가 자재가 부족하거나 부도가 나지 않았고 아름답게 건축을 잘 마쳤다. 성막과 성전이 부족함 없이 잘 지어진 이유가 무엇일까? 이스라엘 백성들이 재산이 많아서? 헌금을 많이 해서? 아니다. 성막과 성전, 둘 다 하나님이 지으라고 해서 지은 것이기 때문이다. 성막이나 성전 건축은 모세나 솔로몬이라는 사람에 의해서 시작된 것이 아니라 하나님으로부터 시작된 일이다. 하나님이 하라고 하신 일에 순종하면 하나님이 책임지신다. 부도가 날 수가 없다. 주님의 몸이 부도날 수가 있을까?

그런데 성전을 짓는 다윗이 너무나 많다. 왜 그럴까? 나쁜 일이라고 생각하지 않기 때문이다. 그래서 속는다. 심지어 하나의 공적이 되어 자랑까지 한다. 하나님이 하라고 하신 일은 반드시 해야 하지만, 하라고 하시지 않은 일은 하지 않는 것이 안전하다. 성전 건축만 그렇겠는가? 교인 배가 운동이든, 어떤 프로그램이든 무엇을 할지 말지를 결정할 때 가장 중요한 것은 하나님의 소견이다. 하나님이 원하시는 일인가? 지금 하라고 하시는 일인가? 나에게, 우리 교회에 하라고 하시는 일인가? 하나님의 소견이 중요하다.

월요일 새벽 첫 기도 제목

주일에 모든 사역을 마치고 나면 피곤함이 몰려온다. 그럼에도 월요일 새벽을 깨운다. 그리고 월요일 새벽 첫 기도 제목은 "하나님, 다음 주일 설교는 어떤 본문을 가지고 설교할까요? 설교할 본문을 주세요."이다. 3년 동안 전주에 있는 예수 만나에서 공부하면서 말씀이 가장 중요하고 말씀보다 앞서는 것은 없고 말씀이 항상 우선순위에 있었다. 그러다가 '50일 기도학교'를 만나면서 기도에 관한 책을 직접 쓰기도 하고 '30일 기도학교'를 진행하면서 말씀보다 기도가 더 중요하고 우선해야 한다는 것을 깨닫게 되었다. 개인적인 차이는 있을 수 있겠지만, 기도해야 말씀을 받을 수 있고, 받은 그 본문을 가지고 기도할 때 말씀이 풀어진다. 경험적으로도 그렇지만, 성경을 보니 내 생각이 맞다는 것을 알게 되었다.

행 6장에는 성령 충만한 초대교회에 구제로 인해 문제가 발생한 사건이 기록되어 있다. 사도들은 구제가 필요한 일이지만, 그렇다고 말씀까지 제쳐 두고 구제에 집중하는 것은 옳지 않다고 하면서 반성한다. 그러면서 일곱 집사를 조직하여 구제와 재정출납에 관한 사역을 맡긴다. 이때 사도들이 하는 말을 주목하면, "우리는 오로지 기도하는 일과 말씀 사역에 힘쓰리라(행 6:4)." 뒤로 제쳐진 것은 말씀이었고, 그렇다면 말씀만 제자리에 갖다 놓으면 될 것 같은데, 말씀만 언급한 것도 아니고, 또 말씀이 우선된 것도 아니고, 말씀보다 기도를 앞세웠다는 것이다. 순서가 말씀과 기도가 아니라, 기도와 말씀이다. 동전의 양면이지만, 경험적으로도 기도와 말씀이 맞는 것 같고, 더 강력한 것 같다.

내가 잘 믿지 않는 말

예배를 마치고 나가는 성도들이 가끔 설교에 은혜를 받았다고 말씀한다. 다른 교회에 가서 말씀을 전할 기회가 있을 때도 처음 보는 교인들이지만 은혜받았다는 말씀을 해 주신다. 들으면 기분도 좋고 보람도 있고 하나님께 감사도 된다. 웃으면서 고개를 숙여 감사 표시는 하지만, 사실은 은혜받았다는 말씀을 잘 믿지 않는다. 주로 은혜받았다는 말씀의 의미는 듣기 좋았다, 가려운 곳을 긁어 주었다, 속이 시원하다는 정도의 말일 때가 많기 때문이다. 그리고 그 말을 믿지 않는 결정적인 이유는 은혜받았다면 변해야 하는데, 말은 은혜받았다고 하는데 삶은 하나도 변하지 않기 때문이다. 그리고 또 다른 이유는 스스로 단속하는 차원인데, 나의 관심과 긴장하는 요소는 설교에 대한 사람의 평가보다 하나님의 평가를 더 의식하기 때문이다. 성도들이 아무리 은혜받았다고 해도 하나님이 꽝이라면 꽝이고, 성도들이 꽝이라고 해도 하나님이 하나님 마음을 잘 전달했다고 하시면 잘한 것이다. 성도들이 은혜받았다는 말보다 하나님이 잘했다고 하시는 말씀이 어느 무엇과도 비교할 수 없이 좋다.

하나님이 그렇게 하라고 했습니까?

성도들이 상담하러 오는 경우가 있다. 부부간의 문제로, 자녀의 진로로, 직장을 옮기는 일로, 교회를 옮겨야 하는 상황을 가지고 상담을 요청한다. 그런데 문제는 그들이 마음에 이미 답을 다 정해서 온다는 것이다. 상담이 아니라 사실은 통보하러 온다. 아무 말도 하지 않는 것보다는 고맙지만, 다 결정해서 오면 그 결정이 변경될 여지가 별로 없다는 점에서 안타까울 때가 많다. 상담 내용을 다 듣고 난 뒤, 나는 한 가지만 물어본다. "하나님이 그렇게 하라고 하셨습니까?" 충분히 기도하고 하나님으로부터 응답을 받고 결정한 것인지를 묻는 것이다. 그런데 대부분 기도도 잘 안 하고 자신의 유익과 어쩔 수 없는 상황과 환경에 따라 결정했다는 것을 알게 되었다. 그래서 권한다. "나도 기도하겠으니 다만 1주일이라도 기도해 보고 결정해 봅시다!" 여기까지는 다 동의하고 성도들도 기도하고 결정하겠다고 말한다. 나도 그들의 마음을 가지고 하나님께 나아가서 기도한다. 그런데 놀랍게도, 1주일 뒤에 이들은 나에게 통보한 대로 행동한다. 기도하지 않고 결정했고, 기도해 보고 결정하자는 제안도 거절하고 오직 자기 유익과 소견에 옳은 대로 살아간다. 이럴 때는 안타깝기도 하고 약간의 분노도 생기고 때로는 깊은 자괴감이 들기도 한다. 하나님 소견에 옳은 대로 행하는 것이 신앙생활인데….

하루 3시간 주님 앞에

하나님이 주신 말씀과 주변 목회자로부터 얻는 귀한 교훈을 통해, 무엇보다 기도학교를 접하면서 하나님 앞에 꼭 지키려고 하는 삶이 있다. 그것은 하루 3시간 기도하는 것이다. 한 번에 3시간을 다 하지 못해도, 어쨌든 나눠서 하더라도 하루 3시간만큼은 하나님 앞에 앉아 있고, 하나님 소견에 귀를 기울이고, 말씀 앞에 바르게 서고자 애쓰고 있다. 하루 3시간을 정한 또 하나의 이유는 예수님의 겟세마네 기도에서 생각한 것이다. 십자가를 앞에 두고 내 원대로 마시고 아버지의 원대로 되기를 기도하신 후, 제자들에게 오셔서 나와 함께 1시간도 깨어 있을 수 없냐고 말씀하셨다. 1번 기도하실 때 1시간 정도 기도하셨다는 것을 알게 되었다. 그런데, 그 뒤에 동일한 제목으로 2번 더 기도하셨고, 따라서 총 3번 기도하셨다. 1번에 1시간이면, 3번이니까 3시간 기도하셨다고 생각했다. 3시간이라는 시간도 중요하지만, 3시간 기도의 유익 때문에 3시간을 결정했다. 3시간 기도하신 예수님은 결국 자기를 부인하고 아버지의 뜻에 순종하셨다. 적어도 내 뜻, 내 소견, 나 자신을 부인하려면 3시간은 기도해야 하는구나 싶었다. 3시간 기도해서 나를 부인할 수 있다면, 하나님 소견에 옳은 대로 살 수 있다면 3시간 엎드려야 하지 않을까?

부교역자 선발기준

교회마다 목회자를 청빙 하는 기준은 대부분 비슷하다. 하지만, 우리 교회는 조금 다른 부분이 있다. 우리 교회는 부교역자를 청빙할 때 내가 반드시 물어보는 질문 2가지가 있다. 하나는, 복음이 무엇인가? 당연히 대답을 잘할 것 같지만, 의외로 대답을 잘 못 하는 경우가 있다. 있는 정도가 아니라 사실은 많다. 다른 하나는, 맡게 될 부서를 위해 하루 2시간 기도할 수 있는가? 하루 2시간 맡은 부서를 위해 기도할 수 있고, 실제로 기도한다면 안심하고 맡겨도 좋다고 생각한다. 2시간 기도하는 동안 하나님이 엄청난 작업을 하실 것이라고 확신하기 때문이다.

기도가 답이다. 기도가 믿음이고 능력이다. 기도를 쉬면 하나님과의 관계가 깨어진다는 차원에서 기도는 성도 개인의 영적 생존권이기도 하지만, 교회는 만민이 기도하는 아버지의 집이라는 차원에서 기도는 교회의 영적 생존권이기도 하다. 기도는 그 자체가 사역이고, 다른 사역을 위한 사역이기도 하지만, 사역 중의 사역이다. 기도하지 않았다면 어떤 일도 해서는 안 된다. 기도하지 않고 하는 일은 내 소견에 옳은 대로 하는 일이고, 그 일은 반드시 실패해야 한다. 그것이 은혜다. 기도하지 않고 하는 일이 잘되면 다른 일도 기도하지 않을 것이기 때문이다. 내가 기도의 자리를 지키면, 기도의 자리가 나를 지킨다. 기도의 자리에 먼지가 앉지 않도록 해야 한다.

목숨과 사명 중 무엇이 더 귀할까?

> 내가 달려갈 길과 주 예수께 받은 사명 곧 하나님의 은혜의 복음을 증언하는 일을 마치려 함에는 나의 생명조차 조금도 귀한 것으로 여기지 아니하노라. (행 20:24)

예수님께 십자가를 지는 사명과 목숨 중 무엇이 더 귀했을까? 예수님은 아버지께서 하라고 자기에게 주신 십자가 지는 일을 이루어서 아버지를 영화롭게 하셨다. 십자가를 지기 위해 예수님은 자신의 생명을 드렸다. 예수님께는 자신의 생명보다 사명이 더 귀했다. 그래서 사명을 위해 목숨을 바쳤다.

이런 삶을 사신 예수님은 제자들에게 자기 십자가를 지고 따라오라고 하신다. 십자가가 무엇일까? 여러 견해가 있지만, 나는 사명이라고 이해한다. 예수님에게 십자가는 아버지께서 주신 사명이었다. 인류의 죄를 사하는 것은 예수님의 고유한 사명이었다. '자기 십자가'라는 말은 각자의 고유한 십자가가 있다는 뜻이고, 따라서 각자 고유한 사명이 있다. 그것이 아버지께서 각자에게 하라고 주신 일이고, 그 일은 너무 귀하고 거룩하여서 내 목숨보다 귀하고 목숨을 바쳐도 아깝지 않은 일이다.

안타깝게도 많은 그리스도인이 목숨을 목숨보다 더 귀한 사명에 사용하지 않고 목숨보다 덜 귀한 일에 아까운 목숨을 사용한다. 목숨보다 더 귀한 사명에 목숨을 걸어야 사명도 이루고 목숨도 귀하게 된다. 하지만, 목숨보다 덜 귀한 일에 목숨을 사용하면 목숨을 허비하는 것이고 그렇게 해서 이룬 일도 별로 의미 없다. 목숨을 걸어서 세상을 얻고 지구를 얻은들 무슨 만족이 있고 유익이 있겠는가? 아무 만족도, 어떠한 유익도 없다. 왜냐하면, 세상과 지구보다 목숨이 더 크고 귀하기 때문이다. 목숨보다 작은 세상과 지구에 목숨 걸지 말고, 목숨보다 더 귀한 하나님이 하라고 주신 사명에 목숨 걸기를 바란다. 남은 세월, 목숨에 주어진 시간이 그리 많지 않다.

다메섹 도상에서 부활하신 예수님을 만난 바울은 이미 자신의 사명을 받았다. 예루살렘으로 가면 체포당할 것을 뻔히 알고도 예루살렘으로 가기를 결단한다(행 20:24). 바울에게도 목숨보다 더 귀한 것은 자신을 구원하신 예수님이 주신 복음 전파의 사명이다. 그 사명을 위해서는, 사실 목숨이 귀한 것인데, 그 귀한 목숨조차 귀한 것으로 여기지 않고 그 사명을 위해 아낌없이 바치겠다고 한다. 오직 바울은 아버지께서 하라고 주신 일, 오로지 거기에 관심이 있었고, 그 일을 위해 살았고, 그 일을 하다가 죽었다. 바울이 변함없이 예수를 위해 살고 예수를 위해 죽을 수 있었던 것은 오직 하나님이 하라고 하시는 일을 선택하고 집중했기 때문이다. 어느 날 하나님께서 요 17:4과 행 20:24을 주셨다. 이 말씀은 예수님과 바울의 삶을 모델로 삼아 본받으라는 레마의 말씀으로 이해하고 목회의 여정에서 잠시도 놓지 않고 붙들고 가는 말씀이다. 하나님 소견에 옳은 대로 살게 하는 기본이자 본질과 같은 말씀을 주시고, 그 말씀으로 이끄시는 하나님께 감사와 영광을 돌린다.

2) 두 번째 말씀

사도의 표가 된 것은 내가 너희 가운데서 모든 참음과 표적과 기사와 능력을 행한 것이라. (고후 12:12)

육체의 가시

바울에게는 육체의 가시가 있었다. 날마다 찌르고 고통스러워서 하나님께 제거해 달라고 기도했다. 그것도 한 번이 아니라 세 번씩이나 간구했다. 그런데 하나님으로부터 온 응답은 "내 은혜가 네게 족하다."는 말씀이었다. 이 말은 내 은혜는 지금도 충분히 너에게 가고 있다는 뜻이다. 한마디로, 안 고쳐 줄 것이니까 병 가지고 살라는 말이다.

우리는 흔히 병이 났을 때, 병이 낫는 것만 은혜라고 생각한다. 그러다 보니, 병이 낫지 않으면 하나님이 내 기도를 안 들으시는가 보다, 나보다 다른 사람을 더 사랑하시는가 보다, 나를 미워하시는가 보다 하면서 여러 가지 오해를 한다. 바울에게 하신 말씀을 다시 주목하면서 우리의 생각의 틀을 수정해야 할 부분이 있지 않을까 싶다. 병이 있는데, 그 병을 고쳐 주시지는 않으면서 하나님의 은혜는 충분하다는 것이다. 그러니까 은혜가 없거나 부족해서 아픈 것이 아니라는 얘기다. 나아야 은혜가 있고, 아프면 은혜가 없다는 우리의 생각을 수정해야 한다.

아픈데 은혜가 충분하다고?

중요한 것은 이유다. 왜 아픈데 은혜는 충분한가? 하나님의 능력은 바울의 약함에서 온전해지기 때문이다. 육체의 가시를 가진 바울의 약함은 하나님의 능력이 가장 강력하게 나타날 수 있는 환경이고 조건이라는 말이다. 바울이 강하면 자신의 강함을 하나님이라고 착각하며 의지하게 된다. 그러면 하나님의 능력이 온전해질 수 없다.

가장 중요한 것은 바울이 하나님의 응답에 "아멘"으로 받아들인다는 점이다. 병을 가지고 살라는 말에 우리는 "아멘"이 잘되지 않는다. 그런데 바울은 어찌하여 "아멘"이 되었을까? 그것은 기준이 다르기 때문이다. 우리의 기준은 우리 자신이다. 우리 자신이 낫냐, 안 낫냐 하는 것에 초점이 있다. 그러니까 나으면 "아멘", 안 나으면 "아멘"이 안 되는 것이다. 하지만 바울은 하나님의 능력이 온전해지냐 아니냐, 즉 하나님께 초점이 있다. 그러니까 하나님의 능력만 온전해진다면 아파도, 안 나아도 "아멘"이 되는 것이다. 낫냐, 안 낫냐에 초점이 있으니까, 하나님의 능력이 있을 때도 있고 없을 때도 있다. 하지만, 하나님의 강함이 온전해질 수 있다면 바울은 아파도 좋고 아픈 채로 있어도 괜찮다는 것이다. 그냥 해 보는 소리일까? 아니다.

바보 바울

그 증거는 바울이 자기 약함을 기뻐하는 것이다. 대부분 사람은 자신의 강함과 많음과 높음을 기뻐한다. 그런데 세상에 자신의 약함을 기뻐하는 사람이 있을까? 심지어 바울은 자신의 약함을 자랑하기까지 한다. 바보 아닌가? 자신의 약함을 자랑하는 사람이 어디 있나? 약함을 대개 숨기거나 약하지 않은 척 강한 척하는 것이 정상 아닌가? 바울은 우리와는 다르게 생각하고 다르게 살아가는 사람인 것 같다.

결국 바울은 약한 육체의 가시를 가지고 살았고, 하나님의 강함은 온전하게 역사하셨다. 바울의 약함은 하나님의 사명을 감당하는데 장애물이 되지 않았고 어떤 방해도 되지 않았다. 건강한 사람이 해낼 수 있는 일보다 더 크고 놀라운 일을 감당했다. 그리고 중요한 것은 바울은 육체의 가시 때문에 죽지 않았다. 우리는 병이 나면 이런저런 핑계를 대면서 죽을 것처럼 두려워하지만, 바울은 끝까지 사명을 감당하다가 순교했다. 바울이 변함없이 예수를 위해 살고 예수를 위해 죽을 수 있었던 비결은 아픈 것도 "아멘"으로 받아들였기 때문이다.

사도의 표는?

그런데, 바울은 고린도 교회로부터 사도권에 대한 저항을 많이 받았다. 그는 12사도도 아니었고, 대접받고 박해를 받지 않는 떠돌이 설교자들과는 달리 참 복음을 전하면서도 늘 박해와 고난이었기 때문이다. 결혼도 하지 않고 자신의 권리를 주장하지도 않고 천막 짓는 일을 하면서 살아가는 모습이 다른 사람들과 비교가 되면서 참 사도로 보이지 않았던 것이다.

이런 상황에서 바울은 사도의 표가 무엇인지 알려 준다. 누구를 사도라고 할 수 있을까? 사도행전에 나오는 사도들을 보면, 예수님의 십자가와 부활의 복음을 전하고 표적과 기사를 행했다. 불신자들이 구원받고 병자가 고침을 받고 죽은 자가 다시 살아나고 교회에 제자들이 많아지고 하나님 나라가 확장되는 일들이 일어났다. 그런데 바울도 이런 일을 행했다. 하지만 첫 번째 사도의 표는 이것이 아니다. 첫 번째 사도의 표시는 모든 참음이다. 모든 참음이니까 참아야 할 것이 한두 개가 아니다. 환난, 궁핍, 고난, 매 맞음, 갇힘, 난동, 수고로움, 자지 못함, 먹지 못함, 사방으로 우겨 쌈, 답답한 일, 박해, 거꾸러뜨림 등 모든 것을 참아야 했다. 이 모든 것을 참는 것이 진짜 사도라는 것이다. 이런 것들을 참지 못해서 사람 눈치를 보면서 듣기 좋은 설교를 하고, 대접받으려고 하고, 넓은 길을 걸어가는 사람은 사도가 아니라는 말이다.

그래도 약함은 참아야 하는 것

바울은 자신의 약함이 하나님의 강함이 온전해지는 통로이기 때문에 약함을 기뻐하고 자랑했다. 한 가지 주목할 것은 하나님의 강함이 역사한다고 해서 약함이 사라지는 것은 아니다. 그 약함은 바울 자신이 참아 내야 하는 것이다. 바울은 하나님의 강함이 온전하게 나타나기 위해서 자신의 약함을 기뻐하고 자랑하지만, 약함을 온몸으로 참고 견디고 버티어 냈다. 십자가가 없는 그리스도가 가짜이듯이, 고난을 참지 못하는 사도는 가짜 사도다. 십자가를 참으신 예수님이 진짜 그리스도이듯이, 모든 고난과 약한 것을 참는 사도가 진짜 사도다. 바울이 변함없이 예수를 위해 살고 예수를 위해 죽을 수 있었던 비결은 약함을 참는 것에 있었다.

눈물 한 바가지

교회의 형편도 어려웠지만, 철없는 젊은 목사가 담임으로 부임해서 목회한다는 것이 정말 쉬운 일은 아니었다. 상처의 쓴 뿌리를 가진 교인들과 철없고 무능한 담임목사가 만났으니 서로가 얼마나 힘들었을까! 힘들어도 시간은 흘렀다. 3년이 지났을 때쯤 시찰회나 노회 목사님과 장로님들이 순천 온 지 얼마나 되었냐고 물으셨다. 3년 됐다고 하면 깜짝 놀라셨다. 벌써 3년이라는 시간이 지났다는 의미도 있지만, 젊은 사람이 어떻게 견뎠냐는 의미였다. 나중에야 들은 얘기지만, 주변 목사님들과 장로님들은 내가 1년 정도 있다가 떠날 줄 알았다고 한다. 말도 없고 조용하니까 오래 못 있을 것이라 생각했던 것이다. 지금 13년이 되었다고 하면 다들 대단하다고 말한다.

누가 알까? 주변 사람들이 칭찬하는 그 세월을 내가 어떻게 보냈는지? 그동안의 목회를 한마디로 말하라고 한다면, 나는 조금도 주저하지 않고 말한다. "참는 목회였습니다." 담임 목회 초반에 내가 가장 많이 간 곳은 본당이다. 본당에 가서 하나님 앞에 앉아 있는 것이 전부였다. 간절하게 기도하는 것도 아니고, 엉뚱한 생각만 하고 올 때도 부지기수였다. 그냥 외로움의 눈물 한 바가지를 흘리는 일이 많았다. 그 눈물도 아무도 모르고, 하나님만 아셨다. 그래도 앉아 있다가 오면 마음이 조금은 가벼워졌다.

정상 속도로 가고 있다

모든 담임목사의 기대는 성도들이 은혜를 받고 말과 행동이 변화되어서 교회가 활기차고 영적으로 양적으로 성장하고 성숙하는 데 있다.

그런데 시간이 지나도, 아무리 몸부림쳐도 변화되지 않는 것 같았다. 변화도 빨리빨리 되었으면 좋겠는데, 왜 이리 더딘지 답답한 날이 너무 많았다. 일정 기간 엄청난 에너지를 쏟아붓고 혼신의 힘을 다해 목회했지만, 늘 제자리걸음처럼 느껴졌다. 언제까지 기다려야 하나? 주님은 뭐하고 계실까? 주님 손이면 두 번도 아니고 한 번이면 뒤집히고 난리가 날 텐데…. 언제까지 참아야 할까? 참으면 되기는 할까?

이럴 때마다 항상 하나님이 하시는 말씀은 동일했다. "정상 속도로 가고 있다." 그러면 반문한다. "예? 이것이 정상 속도라구요?" 시속 5km도 안 되는 것 같은데 정상 속도라니. 이런 불평과 속도에 대한 말씀을 몇 차례 들으면서, 또 기도학교를 배우고 기도하는 교회를 만들어 가면서부터 이제는 서두르지 않는다. 아무리 속도가 느려 보이고 때로는 아예 안 움직이는 것 같아도 하나님의 속도에 맞추려고 한다. 내가 서두른다고 될 일도 아니고, 그렇다고 게으르게 하지도 않는다. 언제나 하나님은 옳으시기 때문이다.

내가 다 안다, 고맙다

본당에서 혼자 외로이 눈물 한 바가지를 흘릴 때 나는 혼자인 것 같았다. 하지만, 혼자가 아니었다. 어느 날 주님이 말씀하셨다. "내가 다 안다, 너의 외로움과 눈물을 다 알고 있다, 참고 인내해 줘서 고맙다." 주님께서 혼자 있는 나를 다 보고 계셨고, 눈물을 기억하고 계시다니 너무 감사했다. 그런데 나에게 고맙다고 하셨다. 내가 주님께 고마워야 하는데, 주님은 나에게 고맙다고 하셨다. 참고 인내하고 기다리고 하나님 속도에 맞춰 가느라고 애쓴 것이 하나님의 부르심을 받은 목사가 당연히 해야 할 일인데, 그것을 고마워하시니 더 몸 둘 바를 몰랐다. 큰 위로가 되었다. 그러면서 사도의 표가 된 것이 모든 참음이라는 말씀이 떠올랐는데, 목사의 표가 된 것은 모든 참음이라는 의미로 적용이 되면서 말씀대로 이끄신 하나님께 다시 한번 감사드렸다. 힘들어하는 성도들에게도 성도의 표는 모든 참음이고, 그 참은 것을 하나님이 고마워하신다는 메시지를 전하는데, 위로가 많이 되는 것 같다.

심근경색

2021년 11월 초, 새벽 기도를 인도하고 기도하는 자리에서 기도하고 있었다. 한참을 기도하는데 갑자기 가슴 쪽이 답답해지는 것을 느꼈다. 명치에 약간의 통증이 있으면서 숨이 잘 쉬어지지 않았다. 조금 참다가 목양실로 올라왔다. 의자에 몸을 맡기고 눈을 감고 가만히 있었다. 화장실도 다녀오고 물도 마셨다. 1시간쯤 지나면서 호흡도 정상으로 돌아오고 컨디션도 괜찮았다. 왜 이럴까? 하면서도 괜찮아져서 다시 일상으로 돌아갔다.

그런데, 한 달 뒤, 12월 3일, 본당에서 기도하는데 똑같은 증세가 나타났다. 호흡이 힘들어서 몸을 이리저리 움직이며 참고 있었다. 도저히 안 되어서 목양실로 올라왔다. 처음과 같이 의자에 기대고 눈을 감고 괜찮을 것이라고 생각하고 기다렸다. 그런데 한 달 전과는 달리 안정이 되지 않았고, 안 될 것 같다는 생각이 들었다. 부목사님께 전화해서 119를 불러 달라고 해서 응급실로 갔다. 가는 도중에 119대원이 물었다. "어느 병원으로 갈까요? 한국병원으로 갈까요, 성가롤로병원으로 갈까요?" 갑작스러운 상황이고 내 상태를 몰라서 먼저 이야기한 한국병원으로 가자고 했다. 그랬더니 이동 중 119대원이 내 상태를 살펴보더니 병원을 바꿔서 성가롤로병원으로 가겠다고 했다. 나는 알았다고 하면서 119대원에게 맡겼다. 응급실에 도착해서 검사한 결과 심근경색이었다.

뭐 하시는 분이에요?

심근경색이라는 결과를 듣기 전에, 그날이 금요일이었는데, 응급처치만 하고 월요일에 다시 오겠다고 했다. 다음 날 토요일에 교인의 자녀 결혼 주례가 있었고, 주일 예배와 오후에 이웃 교회 임직식 순서를 맡았기 때문에 마치고 오겠다고 얘기했다가 의사에게 혼났다. 지금 제정신이냐고, 얼마나 심각한지 모르고 하는 얘기냐 하면서 야단을 치셨다. "예, 모르고 하는 소리입니다." 속으로 말했다. 아내를 통해 상황을 들어 보니, 혈관이 90세 혈관이고 너덜너덜한 상태인데, 도대체 이 사람은 뭐하는 사람이냐고 하면서, 당장 스텐트를 넣어야 한다고 했단다. 그래서 곧바로 시술하고 중환자실로 입원했다.

나중에 심근경색에 대해 공부해 보니, 골든타임이 2시간이고, 시술이 가능한 병원에 가서 스텐트만 넣으면 1주일 후 정상 생활이 가능하다. 내 경우를 돌아보니, 아찔한 생각이 들면서 너무너무 하나님께 감사했다. 처음 증세와 비슷하면서도 안 될 것 같다는 마음을 주신 분도 하나님이시고, 심혈관 계통의 시술이 가능한 병원이 순천에 있다는 것도 감사하고, 119대원이 한국병원이 아니라 성가롤로병원으로 가는 것이 좋겠다고 판단한 이 모든 것이 다 은혜였다. "하나님, 살려 주셔서 감사합니다."

약함이 기쁨과 자랑이 되어

10일 정도 입원하여 치료받고 다시 일상으로 돌아왔다. 스텐트를 넣은 쪽은 괜찮지만, 반대편은 혈관의 5%만 정상이고 95%는 50%가 막혀 있단다. 스텐트는 혈관이 막혔다고 다 넣는 것이 아니라 70% 막혀야만 넣는다는 의사 선생님의 말씀을 들었다. 앞으로 약을 계속 복용해야 하고, 무리한 운동이나 심장에 부담이 되는 자세나 업무는 피해야 한다. 음식도 기름진 음식, 밀가루 음식, 탄산음료 등은 먹지 않아야 한다. 맛있는 음식은 몸에 다 해로운 것들이었음을 알게 되었다. 몸을 위해서, 사역을 위해서 절제해야 하겠지만, 마음이 우울해졌다.

어느 날 바울의 마음이 깨달아지면서 귀한 은혜가 임했다. 나는 아직 심근경색을 가지고 있는 위험한 상황이지만, 이것을 두고 그렇게 간절히 기도하지는 않는다. 이유는 약한 것을 기뻐하고 자랑하는 바울의 마음을 알게 되었고, 약할 때 강함 되시는 하나님이 내 안에 항상 머물기를 원하기 때문이다. 내가 약하니 더 주님만을 의지하게 되고, 약할수록 하나님의 능력을 더 갈급하게 되기 때문이다.

그러고 보니, 심근경색이 온 뒤로《성경이 말하는 기도》책도 출간하고, 극동방송과 전남 CBS 방송에도 참여했다. '4010 프로젝트'라고 해서 예수님 부활 후 '40일'간 하나님 나라의 일을 말씀하신 것과 120명이 '10일'간 기도했을 때 성령이 오셨다는 사도행전 내용 그대로 50일간 하나님 나라와 기도에 관해 진행했다. 올해는 사순절 기간에 '30일 기도학교'를 진행했다. 무엇보다 지금 쓰고 있는《내 소견에 옳은 것이 과연 옳은가?》라는 이 책이 '30일 기도학교' 기간에 하나님이 주신 말씀에 순종하여 고난 주간 1주일 만에 원고를 완성했다. 이 모든 일이 심근경색이 생긴 뒤에 일어났으며, 하나님의 강함은 나의 약함 속에서도 강력하게 나타나고 있다.

너 혼자 감당하지 않아도 돼

그리고 주님께서 주신 마음은 "너 혼자 다 하지 않아도 된다."는 것이었다. 심근경색이 오기 전에는 1주일에 설교를 9-10개씩 하면서 많은 사역을 감당했고, 새벽 기도도 악착같이 인도하려고 했다. 한편으로는 당연한 일이기도 하지만, 새벽 기도를 위해 준비하고 새벽을 깨울 때 내 영혼을 지킬 수 있고 항상 깨어 있을 수 있었기 때문이다. 그러나 심근경색이 온 후에는 추운 날씨를 조심해야 하는 상황이라 새벽 기도는 주 2회만 인도하고 있다. 바울이 하나님의 강함을 사모하면서 약한 것을 기뻐하고 자랑했지만, 약한 것을 참아야 했던 것처럼, 나도 하나님의 은혜와 능력을 사모하고 의지하면서 심근경색이 남아 있음을 기뻐하고 자랑하지만, 내가 감당해야 할 분량이기에 조심하려고 한다. 하지만, 새벽 기도를 인도하지 않는 날도 집에서 새벽 기도 시간에 일어나서 2시간 기도를 유지하고 있다. 부교역자들의 업무가 많아지기는 했지만, 너무 신실하게 잘 감당해 주어서 아주 편한(?) 마음으로 맡기고 자유하고 있다. 심근경색, 하나님 소견에 옳은 대로 행하여 주옵소서!

3) 세 번째 말씀

미쁘다 모든 사람이 받을 만한 이 말이여 그리스도 예수께서 죄인을 구원하시려고 세상에 임하셨다 하였도다 죄인 중에 내가

괴수니라. (딤전 1:15)

　이 말씀은 에베소 교회에서 목회하고 있는 영적 아들 디모데에게 바울이 고백한 내용이다. '미쁘다'는 '믿음직하다, 신실하다'는 뜻이고, '모든 사람이 받을 만한'은 '한 사람도 예외 없이, 남녀노소, 지위 고하를 막론하고 누구나 꼭 필요한'이라는 뜻이다. '이 말이여'에서 지시 대명사 '이'는 보통 앞에 나온 말을 가리키지만, 여기서는 뒤에 나오는 말을 가리킨다. 즉, '이 말'은 바로 뒤에 이어지는 '그리스도 예수께서 죄인을 구원하시려고 세상에 임하셨다'는 복음이다. 연결하면, 그리스도 예수께서 죄인을 구원하시려고 세상에 임하셨다는 이 복음은 너무나 믿음직하고 신실한 말이기 때문에 누구 하나 예외 없이 모든 사람에게 꼭 필요한 진리라는 뜻이다.

왜 모든 사람에게?

　목회자들이 설교할 때 어려운 시기가 있는데, 바로 사순절, 부활절, 추수감사절, 성탄절 등 절기 설교이다. 해마다 반복해서 오는 데다가 관련 본문이 많지 않기 때문에 절기 설교는 더 기도하며 준비하게 된다. 어느 성탄절에 설교를 준비하는데, 너무나 익히 아는 말씀을 읽었다. 눅 2:10-11절 말씀인데,

　천사가 이르되 무서워하지 말라 보라 내가 온 백성에게 미칠 큰 기쁨의 좋은 소식을 너희에게 전하노라 오늘 다윗의 동네에 너희를 위하여 구주가 나셨으니 곧 그리스도 주시니라.

이 말씀을 읽는데, '온 백성'이라는 단어에 눈이 멈췄다. 그리스도 주께서 나신 것이 큰 기쁨의 좋은 소식인데, 이 소식은 천사들이 목자들에게 전하는 메시지이지만, 목자들에게만 기쁜 소식이 아니라, 온 백성에게도 기쁜 소식이라는 것이다. 누구도 예외 없이, 부자나 가난한 자나, 로마 황제나 목자나, 종교 권력자들이나 병자들이나 모두 그리스도 주가 나셨다는 사실이 기쁜 소식이 된다는 것이다. 왜 이 소식이 모든 사람에게 기쁜 소식일까?

예를 들어, 한국과 일본이 축구 시합을 했는데, 한국이 이겼다면, 한국 사람에게는 기쁜 소식이겠지만, 일본 사람에게는 슬픈 소식이다. 그렇다면 아프리카 사람에게는 어떤 소식일까? 기쁘지도 않고 슬프지도 않은 별 의미 없는 소식이다. 왜 한국이 일본을 이긴 소식은 누구에게는 기쁜 소식, 누구에게는 슬픈 소식, 누구에는 별 의미가 없는 소식일까? 그것은 연관성 때문이다. 그 소식과 연관이 있는 사람이라면 기쁘거나 슬프거나 할 것이고, 아무 연관이 없는 사람은 기쁘지도 않고 슬프지도 않다. 따라서, 한국이 일본을 이겼다는 소식은 한국 사람만 기쁜 것이지 다른 사람들에게는 슬프거나 아무렇지도 않은 일이다. 모두에게 기쁜 소식은 아니다.

그렇다면 그리스도 예수께서 죄인을 구원하시려고 세상에 오신 것은 왜 모든 사람이 받아야 할 믿음직한 말이고, 온 백성에게 미칠 큰 기쁨의 좋은 소식일까? 그 이유도 연관성에 있는데, 모든 사람이 죄인이기 때문이다. 모든 사람이 죄인이기 때문에 죄인을 구원하시려고 그리스도 예수께서 세상에 오신 사건은 모든 사람과 직접적으로 연관된 큰 기쁨의 좋은 소식인 것이다. 죄인에게 죄를 사하는 방법이 생겼다는 것보다 기쁜 소식이 있을까? 예수를 믿으면 죄 사함을 받고 자유 하게 되며 사망에서 생명으로 옮겨진다는 소식보다 더 기쁜 소식이 어디 있으랴!

내가 죄인 중에 괴수니라

바울의 이 고백은 단순히 죄인 중에 우두머리라는 뜻이 아니다. 문맥과 헬라어 단어를 고려한다면, 어마어마한 의미가 들어 있다. 그 의미를 깨달았을 때 바울이 어떻게 변함없이 예수를 위해 살고 예수를 위해 죽을 수 있었는지를 알게 되었고, 이것은 내가 하루하루의 삶을, 하루하루의 사역을 시작할 때 드리는 기도와 고백이 되었다.

우선, 그리스도 예수께서 죄인을 구원하시려고 세상에 오셨다는 이 복음은 모든 사람에게 믿음직하고 필요한 소식인데, 바울 자신도 예외가 아니라는 뜻이다. 큰 기쁨의 좋은 소식이 필요한 사람은 바로 죄인인 바울 자신이라는 말이다. 다르게 말하면, 의원이 건강한 사람이 아니라 병든 자에게 필요하듯이, 내가 죄인이 되어야 예수가 필요하다. 내가 의인이 되는 순간 예수는 필요 없어진다. 바울은 자신이 의인이 아니라 예수가 필요한 죄인일 뿐이라고 고백한다.

더 나아가서, 자신을 죄인 중에 괴수라고 말한다. 죄인 중에서도 우두머리, 죄인 중에서도 가장 심각한 죄인이라고 고백한다. 처음에는 이 표현이 이해되지 않았다. 바울이 교회를 박해할 때 죄인 중의 괴수라는 말을 한다면 이해가 된다. 그래서 '죄인 중에 괴수였다'고 한다면 이해가 될 법하다. 그런데, 디모데전서를 쓸 당시 바울은 이미 수많은 사람에게 복음을 전하여 구원하고 곳곳에 교회를 세우고 하나님 나라를 확장하는 사역을 하고 있었다. 그러면 죄인이라고 하지 않아도 되고, 더군다나 괴수라고까지는 하지 않아도 되는 것이 아닌가? 더군다나, '죄인 중에 괴수였다'는 과거형이 아니라 '죄인 중에 괴수니라'라는 현재형으로 말하다니 더욱 납득이 가지 않았다.

그런데 헬라어 성경을 보면 이해가 된다. 여기에 사용된 헬라어 단어는 '에고 에이미'다. '에고 에이미'는 '나는 ~이다'는 뜻이다. 요한복음에 보면, 예수님이 누구신지, 어떤 분이신지 자신을 계시하시는 요한복음의 고유한 표현이 나온다. 나는 생명의 떡, 세상의 빛, 양의 문, 선한 목자, 부활, 생명, 길, 진리, 생명, 포도나무라는 표현이 그것이다. 그런데 주목할 것은 '에고 에이미'는 헬라어 현재형인데, 헬라어 시제는 시간적인 의미도 있지만, 동작의 의미가 더 강하다. 헬라어 현재형의 의미는 반복, 계속이다. 따라서 길과 진리와 생명만 얘기하면, 예수님은 과거에도 길과 진리와 생명이었고, 지금도 길과 진리와 생명이시고, 앞으로도 여전히 길과 진리와 생명이라는 뜻이다.

그러면 바울이 말하는 내가 죄인 중의 괴수라는 말은 과거에도 괴수이고 지금도 괴수이고 앞으로도 괴수라는 뜻이다. 교회를 박해했던 과거에도 죄인 중에 괴수였지만, 복음을 전하여 영혼을 구원하고 교회를 세우고 하나님 나라를 확장하고 있는 지금도 죄인 중에 괴수이고, 앞으로 주님 앞에 가는 날까지 자신은 여전히 죄인 중에 괴수라는 말이다. 과거에도 예수가 필요했고, 지금도 예수가 필요하며, 앞으로도 예수가 반드시 필요한 죄인이라고 고백하고 있다. 바울은 자신이 가진 육체의 가시로 인해 약한 것을 기뻐하고 자랑하면서 하나님의 강함으로 사역했지만, 한편으로는 죄인 중에 괴수임을 잊지 않고 늘 예수가 필요한 사람이라고 고백하면서 항상 예수님과 함께 사역하고 있다. 약함과 죄인이라는 자기 인식과 고백이 변함없이 예수를 위해 살고 예수를 위해 죽을 수 있는 비결이었다.

나는 정말 예수가 필요한 죄인인가?

나는 정말 예수가 필요한 사람이 맞는가? 만약 우리가 바울처럼 복음을 전하여 많은 불신자를 구원하고 교회를 몇 개나 세우고 하나님 나라를 확장하는 주인공이 되었다면, 과연 죄인 중의 괴수라는 고백이 나올 수 있을까? 내가 오랜 시간 교회에 다니고 직분도 받고 이런저런 봉사를 하고 사람들이 자주 불러주고 무엇인가 결정하는 자리에 가게 되면 어느 새 우리는 의인이 된다. 괜찮은 사람이 되고 심지어 뭐라도 된 것처럼 착각하고 힘을 잔뜩 주면서 교만해지지 않는가? 교회 온 지 얼마 되지 않은 사람을 무시하고, 일을 잘 못 하는 사람을 비난하고, 나보다 남이 잘되는 것을 못 견디고, 남을 밟고 내가 올라가야 하는 심보를 가질 때가 얼마나 많은가? 자기 생각을 관철하기 위해서 수단과 방법을 가리지 않고, 목소리가 통하니까 갈수록 목소리가 커지고, 교회 안에서 내 나라를 확장하기 위해 편 가르기를 하고, 하나님 소견에는 관심이 1도 없고 오직 자기 소견에 옳은 대로 행동하는 일이 한두 번인가? 이런 태도와 모습은 예수가 더 이상 필요 없는 인생이 되어 가는 징조다. 예수가 더 이상 나를 구원하는 복음이 아니라 내 목적과 야망을 이루는 도구와 수단으로 전락한 표시다.

"하나님, 저는 죄인입니다."

바울의 이 고백을 깨닫게 된 뒤로, 나는 하루를 시작하거나, 어떤 사역을 시작하면서 습관처럼 하는 고백이 있다. "하나님, 저는 죄인입니다." 젊은 나이에 담임목사가 되었고, 교회의 오랜 상처로 힘들었고, 아무리 해도 변하지 않는 것에 눈물만 흘렸다. 그러다가 화해 감사 예배를 하고, 말씀과 전도와 기도를 통해 새로운 출발을 했다. 기도에 관한 책을 쓰고, 라디오 방송도 하며, 카메라 앞에 서기도 하고, 기도학교가 조금씩 확장되며, 분열된 곳에서 연합을 이루어 가고 있다. 13년을 참으면서 여기까지 온 모든 것을 돌아보면서 내가 대단한 사람이라고 착각하지 않는다. 나는 여전히 죄인일 뿐이다. 여전히 예수님의 도우심이 없이는 살아갈 수 없는, 어떤 사역도 할 수 없는, 한 발짝도 전진할 수 없는 죄인이라는 사실은 변하지 않는 진리다. 나는 과거에도 예수가 필요했고, 지금도 필요하고, 앞으로 계속 예수님만 필요하다. 제일 두려운 것이 내가 했다는 착각을 하는 것이다. 착각하는 순간 예수가 필요 없어지고, 그렇게 되면 예수를 위해 살고 예수를 위해 죽는 일은 불가능하다. 정말 죄인 중의 괴수라는 고백을 잃어버리고 싶지 않다. '내가 나 된 것은 하나님의 은혜'라는 고백이 평생 내 입술에 머물기를 소망한다. 정말 하루를 시작하면서, 사역을 시작할 때마다 '하나님, 저는 죄인입니다'를 고백하니 하나님을 더 원하게 되고 더 의지하게 되고 오직 하나님만 바라보게 되었다. 나도 이 고백과 함께 바울처럼 예수를 위해 살고 예수를 위해 죽고 싶다.

창 1:2의 은혜

땅이 혼돈하고 공허하며 흑암이 깊음 위에 있고 하나님의 영은

태초에 하나님이 천지를 창조하실 때의 모습이다. 하나님은 무질서하고 텅 비었고 어두운 세상에 질서를 주시고 채우시고 빛을 비추셨다. 무(無)에서 유(有)를 창조하셨다. 이 구절을 루터는 이렇게 주석한다. "우리가 아무 것도 아닌 것이 되지 않는 한 하나님은 아무것도 하실 수 없다." 하나님이 무에서 유를 창조하신 것처럼 우리가 무가 되어야 하나님이 유를 만드실 수 있다는 뜻이다. 하지만 우리는 무(無)가 되기를 싫어한다. 싫어하는 것이 아니라 창피하고 부끄러워한다. 그래서 유(有)가 되기를 좋아하고 당당해하고 뽐내고 자랑한다. 그러나 우리가 유(有)가 되는 순간 하나님은 역사하실 수 없고 능력을 나타내실 수 없다. 자기에게 있는 것을 의지하고 신뢰하기 때문에 하나님이 필요 없다. 내가 죄인 중의 괴수가 되어야 예수가 필요하듯이, 내가 無가 되는 것을 즐거워할 때 하나님이 有를 창조하시고 능력을 나타내신다.

주만 바라볼지라

우리가 잘 아는 이 복음 성가의 배경은 대하 20장에 나오는 남 유다 여호사밧 임금과 모압 암몬 마온 연합군의 전쟁이다. 연합군이 쳐들어오자, 여호사밧은 하나님께 이렇게 기도한다.

우리 하나님이여 그들을 징벌하지 아니하시나이까 우리를 치러 오는 이 큰 무리를 우리가 대적할 능력이 없고 어떻게 할 줄도 알지 못하옵고 오직 주만 바라보나이다 하고. (대하 20:12)

　여호사밧 임금은 연합군을 보면서 대적할 능력도 없고 어떻게 할 줄
도 모르겠다고 한다. 임금으로서 너무 무능력하고 무책임한 소리 아닌
가? 이것이 임금이 할 소리인가? 백성들의 사기가 땅에 떨어지지 않겠
는가? 그런데, 마지막 기도의 의미를 알면 너무나 믿음이 강하고 정말
하나님 백성을 다스리는 임금다운 임금의 기도라는 사실이 드러난다.
"오직 주만 바라보나이다."

2가지를 안 볼 거야!

　'오직 주만 바라보나이다'라는 여호사밧의 고백은 2가지를 쳐다보
고 영향을 받지 않겠다는 뜻이다. 하나는 적들의 많고 적음을 보지 않
을 것이고, 다른 하나는 아군의 많고 적음에도 영향을 받지 않겠다는
것이다. 적이 나보다 크고 많다고 해서 두려워하지도 않고 나보다 적
다고 해서 얕잡아 보고 자만하여 내가 하겠다고도 하지 않겠다는 말이
다. 반대로, 적보다 내가 많다고 해서 내가 알아서 하겠다거나, 적보다
내가 적다고 해서 두려워하지 않겠다는 뜻이다. 사실 여호사밧에게는
116만의 군사가 있다. 이 정도 숫자는 성경에 숫자가 나오는 경우를 생
각하면 엄청 많은 군사력이다. 기드온 때에 미디안이 135,000명, 히스
기야 때에 앗수르 군대가 185,000명, 여호사밧의 아버지 아사 임금 때
구스 사람 세라가 100만 대군이었다. 이 기준으로 보면, 여호사밧의 군
대가 116만이면 막강한 군대이고, 어떤 연합군이 쳐들어온다고 해도
문제없이 승리할 수 있는 숫자다. 그런데 여호사밧은 116만이라는 군
사력을 보지 않고 하나님만 보겠다고 고백한 것이다. 116만을 움직이
는 것이 빠르고 쉽지만, 힘을 하나님이라 착각하지 않겠다는 것이다.

　내 소견에 옳은 것이 과연 옳은가

116만보다 하나님이 더 강하시고, 하나님을 힘으로 믿고 의지하겠다는 결단이다.

믿음은 나에게 있는 모든 것, 의지할 만한 모든 것을 “0”으로 만드는 능력이다. 내가 “0”이 되어야 하나님이 “100”으로 역사하신다. 내가 죄인 중의 괴수임을 인정해야 예수님이 필요하듯이, 내가 無가 되어야 하나님이 有를 창조하듯이, 나에게 있는 것을 “0”으로, 아무것도 아닌 것으로, 의지할 만한 것이 못 되는 것으로 여길 때 하나님의 능력은 “100”으로 역사한다. 바울이 변함없이 예수를 위해 살고 예수를 위해 죽을 수 있었던 방법은 죄인 중의 괴수, 자신을 無로, 자신에게 의지할 만한 유익하고 자랑할 만한 것을 배설물로 버렸기 때문이다.

4) 네 번째 말씀 - 마 26:36~46(겟세마네 동산의 기도)

기도로 시작하고 기도로 마치신 예수님

예수님은 공생애를 기도로 시작하셨다. 요한에게 세례를 받고 물에서 올라오실 때 기도하셨다. 40일 금식 기도하시면서 마귀의 유혹을 물리치기도 하셨다. 하루의 사역을 새벽에 한적한 곳으로 가서서 기도하심으로 시작하셨다. 하나님 나라의 저항 세력이 나타나자, 예수님이 가지고 오신 하나님 나라를 계승할 12제자를 선택하기 위해 밤이 새도록 기도하시기도 하셨다. 오병이어 기적을 행했을 때는 사람들이 억지로 유대인의 임금으로 삼으려 하자, 예수님은 그 자리를 피해 산에 기도하러 가셨다. 세상 소리, 사람들의 인기와 칭찬을 멀리하시고 그 여운을 제거하기 위해서이다. 변화산에서 기도하실 때 영광스러운 모습으로 변모되셨다. 그리고 십자가를 앞둔 날 밤에도 습관을 따라 겟세마네 동산에 기도하러 가셨다.

이해되지 않는 예수님의 모습

어느 날 겟세마네 동산에서 기도하시는 예수님의 모습에 이해가 되지 않는 부분이 있었다. 예수님은 아버지께서 하라고 주신 십자가 지는 일을 위해 오셨고, 이제 날이 밝으면 십자가에 죽으심으로 아버지께서 하라고 주신 일을 성취하게 된다. 그렇다면 그 어느 때보다 당당하게 가셔야 하는 것이 아닌가? 그런데 겟세마네 동산에서 기도하시는 예수님의 모습은 심히 고민하고 죽을 지경이 되신 낯선 모습이다. 땀방울이 핏방울이 되도록 기도하신다. 하나님의 뜻을 이루는 일이 이렇게 간절히 기도해야 하는 일이라면 공생애 초기에 하셔야 하는 것이 아닌가 하는 생각이 들었다. 마귀의 시험도 말씀 세 구절로 물리치시고, 이스라엘 백성들이 임금을 시켜준다고 해도 그냥 무시하셨고, 십자가를 막는 베드로를 향해 사탄아 물러가라고 하실 정도로 단호하셨던 분이 내일이면 아버지의 뜻을 이루시는데 이렇게까지 처절하게 기도하시는 것이 얼른 납득이 되지 않았다.

아하!

그러다가 중요한 깨달음을 얻게 되었다. 그 깨달음은 성경을 통해서, 실제 목회자의 세계에서 벌어지는 일들을 통해 얻은 보화들이다. 갈라디아서에 보면, 바울이 갈라디아 교인들을 향해 호되게 야단치는 장면이 나온다. 예수님의 십자가만으로 충분히 구원을 얻는다는 복음을 전할 때 성령께서 역사하셔서 갈라디아 사람들이 예수님을 믿었고 교회가 생겨났다. 그런데, 바울이 떠난 후에 거짓 교사들이 와서 갈라디아 교인들을 미혹했다. 십자가의 복음도 맞는데, 거기에 할례까지 받으면 더 좋다고 하면서 복음을 변질시켰다. 할례는 나쁜 것이 아니지만, 그것은 인간의 노력, 행위, 의를 의미한다. 예수님의 십자가 복음만으로도 충분히 구원이 가능한데, 거기에 인간의 노력과 행위, 의를 덧붙이면 이것은 다른 복음, 가짜 복음, 즉 율법주의가 된다.

할례뿐 아니라 우리의 예배, 봉사, 헌신, 구제 등 그 무엇을 갖다 넣어도 다 율법주의다. 예수님의 십자가와 부활의 복음만이 진짜 복음이다. 다른 것은 구원의 조건이 아니라 구원의 결과가 되어야 한다. 이런 것들을 행해야 구원을 받는 것이 아니라, 십자가 복음으로 예수님 믿고 구원을 받았기 때문에 해야 한다는 것이다. 문제는 갈라디아 교인들이 거짓 교사들의 미혹에 넘어갔다는 사실이다.

그래서 바울이 갈라디아 교인들에게 되묻는다.

> 너희가 성령을 받은 것이 율법의 행위로냐 혹은 듣고 믿음으로냐 너희가 이같이 어리석으냐 성령으로 시작하였다가 이제는 육체로 마치겠느냐. (갈 3:2-3)

풀어서 다시 설명하면, "성령을 받은 것이 할례를 행했을 때냐 십자가의 복음을 들을 때 믿음으로냐, 성령으로 시작했다가 이제는 할례로 마치려고 하냐?"

갈리다아 사람들은 복음을 듣고 성령의 역사로 구원받았지만, 시간이 지나면서 자신들의 공로와 율법의 행위, 의로 구원받는 것으로 변질되었다. 시작을 하나님의 능력인 성령으로 한다고 해도 중간에 변질되어 인간의 행위와 의로 마칠 수 있다는 것이다. 그러면서 깨달음이 왔다. 우리의 신앙도 시작은 복음으로, 성령으로, 믿음으로, 은혜로 될 수 있지만, 시간이 지나거나 혹은 어떤 유혹에 의해 변질되어 하나님을 떠날 수도 있다는 것이다. 하나님의 이름으로 시작해서 내 이름으로 마치고, 하나님의 나라를 추구하다가 내 나라를 세울 수도 있고, 하나님 뜻으로 시작해서 내 뜻으로 마칠 수도 있다. 예수님이 겟세마네 동산에서 왜 그렇게까지 기도하셨는지 이해가 되었다. 아버지의 뜻을 위해 성육신하셨고, 과정도 아버지의 뜻에 집중하셨고, 이제 마무리도 아버지의 뜻으로 하시겠다는 몸부림과 순종이 기도로 표현된 것이다.

은혜로 시작해서 자기 의로 마치는 모습

한국교회를 보면서 주체할 수 없는 눈물을 흘린 적이 있다. 나는 감히 하나님의 마음이라고 확신한다. 예배의 주인이신 하나님이 높임을 받는 것이 아니라, 사람이 주인공 되고 높아지는 모습에 너무나 힘들어하시는 하나님의 마음이 느껴진다. 또, 수십 년을 주님 사랑하는 마음으로 충실하게 목회한 뒤에 은퇴하는 모습이 아름답지 못한 경우가 너무너무 많다. 모든 것이 은혜라고 하면서도 은퇴할 때가 되면서 어느새 자기 공로가 되고 의가 되었다. 교회에 무리가 갈 정도로 대가를 요구하는 모습은 성령으로 시작해서 육체로 마치는 것과 같고, 은혜로 시작해서 자기 의로 마치는 것과 진배없다. 하나님으로 시작해서 재물로 마무리하는 것과 무엇이 다르겠는가? 오랫동안 쌓아온 것을 한순간에 무너뜨리는 일이다. 목회자로 부름을 받았기에 교회를 건강하게 세우는 사명은 있어도, 분열시키고 불화를 만들고 무너뜨릴 권한은 없지 않은가? 정말 한국교회를 강타한 안타까운 모습은 세습이다. 하나님으로 시작해서 아들로 마치는 모습, 오직 예수로 시작해서 사람으로 끝나는 모습, 은혜로 시작해서 공적으로 이어지는 모습은 무엇이라 표현할 수 없을 정도로 마음이 아프다.

겟세마네 동산에 올라갔더라면?

문득 이런 생각이 들었다. 저분들이 은퇴가 다가올 때 겟세마네 동산에 올라갔더라면 어땠을까? 시작부터 나쁜 마음을 품은 사람은 드물 것이다. 그런데 한참 잘 가다가 다른 생각을 하고 유혹에 넘어가고 욕심에 사로잡혀서 변질되는 것이다. 가룟 유다는 밤새도록 기도하신 예수님이 12명의 제자를 뽑을 때 선택받았지만, 회계를 맡고 있었고 마귀가 주는 욕심에 이끌려 자신의 영혼도 팔고 예수님도 팔아 버린 사람이 되었다는 것을 기억하라. 니골라도 초대교회에서 일곱 집사로 성도들의 지지를 받을 만큼 믿음과 성령이 충만하고 사람들에게 칭찬받는 인물이었지만, 결국 타락하여 니골라당을 만들어 성도를 미혹하고 교회를 어지럽히는 사람이 되었다는 것을 기억하라. 누구도 자신할 수 없다. 이들이 처음부터 저렇게 하겠다고 생각하지 않았을 것이다. 시작은 좋았다. 잘했다. 오직 예수였다. 그러나 중간에 부패하고 타락했다.

이 모든 유혹을 이기고 끝까지 변하지 않는 모습으로 승리할 수 있는 비결은 겟세마네 동산에 올라가는 것이다. 앞에서 얘기한 대로, 3시간 기도해서 자신을 부인할 수 있다면 3시간 기도해야 한다. 그래서 성령으로 시작해서 성령으로 마치고, 은혜로 시작해서 은혜로 매듭짓고, 믿음으로 시작했으면 끝까지 믿음이어야 한다.

누구나 은퇴하고 마무리할 때가 온다. 이것은 이미 정해진 것이다. 그러면 안전한 은퇴와 마무리를 할 수 있도록 준비해야 한다. 안전한 은퇴와 마무리를 원한다면 겟세마네 동산에 올라가시기를 추천한다. 한 번으로 안 되면 반복해서 올라가시기를 진심으로 바란다.

4

힘들지만 순수한 마음을
끝까지 받아 주실 것을 확신하며

앞서 소개한 4개의 말씀은 나도 모르게 내 마음에 담아 주신 하나님의 말씀이다. 이것이 지금까지 목회의 여정을 이끌어 주었고 안내해 주었다. 사역 앞에서 신중하게 만들어 주었고, 진지하게 만들어 주었고, 다른 길로 가지 않도록 막아 주었고, 사역에 열정을 불러일으키고 식지 않도록 도와준 너무나 고마운 말씀이다. 이 4개의 말씀을 항상 가슴에 품고 주님 앞에 가는 그날까지 잊지 않고 늘 생각하고 묵상하고 의지하면서 믿음의 경주를 마치려고 한다. 이 말씀이 이끄는 대로 믿음의 경주를 신실하게 따라간다면 반드시 결승선에 안전하게 도착하게 되리라 확신한다.

이미 앞에서 다 얘기했지만, 이 4개의 말씀을 연결해서 정리하니, 이 말씀이 예수님과 예수님을 본받는 바울이 변함없이 예수를 위해 살고 예수를 위해 죽는 삶으로 이끄는 길잡이이자 힘이었다는 사실을 깨닫게 되었다. 목회자가 되려는 마음을 먹었을 때와 어떤 목회자가 될 것인지 생각했을 때, 바울처럼 변함없이 예수를 위해 살고 예수를 위해 죽으면 좋겠다고 했는데, 하나님께서 그 순수한 마음을 보시고 말씀으로 인도해 주셨다는 사실을 깨달으면서 너무너무 감사했다. 내 소견에 옳은 대로가 아니라 하나님 소견에 옳은 대로, 말씀이 이끄는 대로 가는 삶은 반드시 승리하게 될 줄 믿는다.

글을 마치며…

예수를 위해 살고 예수를 위해 죽는 한결같은 삶을 경주하며…

전제와 같이 내가 벌써 부어지고 나의 떠날 시각이 가까웠도다
나는 선한 싸움을 싸우고 나의 달려갈 길을 마치고 믿음을 지켰
으니 이제 후로는 나를 위하여 의의 면류관이 예비되었으므로
주 곧 의로우신 재판장이 그날에 내게 주실 것이며 내게만 아니
라 주의 나타나심을 사모하는 모든 자에게도니라. (딤후 4:6-8)

에베소 교회에서 목회하는 영적 아들 디모데에게 보내는 바울의 유
언이다. 로마 황제의 박해로 순교하기 직전에 기록한 내용이다. 전제
는 구약의 제사드리는 방법인데, 액체로 부어드리는 제사다. 감람 열매
나 포도를 빻고 찧으면 기름이나 포도주가 나오는데 그것을 부어 드린
다. 이렇게 되려면 원래의 형체는 사라져야 한다. 조지 휫필드의 말처
럼 "녹이 슬어서가 아니라 다 닳아서 없어지는 것"을 의미한다. 바울이
자기 몸이 다 부서지고 으깨지도록 달려갈 길을 달려왔다는 말이다.

그런데 이렇게 몸이 부서지고 빻아지고 찢어져서 형체가 없도록 달려온 이유가 무엇인가? 그렇게 경주를 마치고 죽음이 다가왔을 때 남은 것이 무엇인가? 바울은 말한다. "믿음을 지켰으니!"

우리도 몸이 부서지라 일하고 뼈가 닳고 골병이 들도록 부지런히 일하고 또 일한다. 허리띠 졸라매고 줄이고 아껴 쓰고 아등바등 새벽부터 밤까지 정신없이 살아간다. 하루도 쉬지 못하고, 쉬라고 해도 못 쉬고 일에 매진한다. 그런데 잠시만 멈춰서 스스로 질문해 보자. 무엇을 위해 그렇게 일하는가? 돈, 건강, 명예, 인간관계, 인기와 칭찬, 사람의 주목, 힘과 권력을 위해서인가? 도대체 무엇을 지키기 위해서 수고하고, 그래서 무엇을 지켰는가? 아무리 수고해도 다 지킬 수도 없지만, 지켰다고 하더라도 죽음 앞에 무슨 의미가 있는가? 죽음은 모든 것을 단절시키는데, 그것들은 남아 있어도 내가 먼저 모든 사람이 가는 길로 가버릴 것인데…. 조금 생명을 연장해 줄 수는 있겠지만, 그렇다고 죽음을 막아 주는 것도 아니다.

바울은 돈도, 자신의 화려한 스펙도, 건강도 별로 지킨 것이 없다. 하지만, 딱 하나, 믿음을 지켰다. 다른 것은 못 지키고 겨우 믿음 하나 지킨 것 같은가? 그렇게도 믿음은 지킬 만큼 가치 있고 귀한 것인가? 그렇다. 이 믿음은 예수 그리스도를 믿는 믿음이요, 죄인이 의인이 되는 믿음이요, 본질상 진노의 자녀가 하나님의 자녀가 되는 믿음이요, 지옥 갈 인생이 천국에 가는 믿음이요, 하나님 앞에서 구원은 물론 의의 면류관까지 받는 믿음이다. 죽음 후에 영원을 보장받는 믿음이다. 이 땅에 있는 것이 아무리 귀하다고 한들, 그래서 그것을 지켰다고 한들, 이 땅에서 조금 편리하고 남보다 조금 더 누리게 할 뿐 영원을 보장해 주는 것은 단 하나도 없다는 것을 기억하라. 그러나 믿음은 영생 복락을 우리에게 선물로 준다. 믿음을 지키는 것은 영생 복락을 지키는 것과 같다. 믿음을 지키지 않는다는 것은 영생 복락을 스스로 버리는 것이다. 이래도 믿음을 지키는 일에 몸이 부서지도록 매진할 가치가 없다고 할 것인가?

예수님의 삶의 궤적은 하늘에서 시작해서 죽음을 거쳐 다시 하나님 보좌 우편으로 가셨다. 하나님이 하라고 주신 일을 이루시는 예수님의 삶이 옳았다. 그렇다면 우리의 시선도 영광 가운데 계신 예수님을 바라보며 달려가면 좋겠다. 결국 우리가 가야 할 본향도 거기니까 말이다.

하나님 소견에 옳은 대로 살아서 이 땅에서 하나님을 기쁘시게 해 드리고, 하나님이 주시는 모든 것을 받아 누리면서 영원한 하나님 나라를 얻는 복된 성도들이 되시기를 주님의 이름으로 축원한다.

내 소견에 옳은 것이
과연 옳은가?

초판 1쇄 발행 2026년 1월 20일

지은이   이정환
펴낸이   이기봉
편집   좋은땅 편집팀
펴낸곳   도서출판 좋은땅
주소   서울특별시 마포구 양화로12길 26 지월드빌딩 (서교동 395-7)
전화   02)374-8616~7
팩스   02)374-8614
이메일   gworldbook@naver.com
홈페이지 www.g-world.co.kr

ISBN   979-11-388-5279-1 (03230)